は　じ　め　に

　この本は，英語が苦手だと感じていたり，これ　　　　　　　　こ
いと思っていたりする人たちのために作られまし　。

　英語を学んでいるうちに，よく理解できない部分が少しずつ増え　　　は，
誰にでも経験があることです。そのような場合に，苦手な単元をふり返って，
学ぶべき内容をきちんと理解できたら，英語の実力は確実に向上していきます。

　また，これから新しい内容を学ぼうとする人たちにとっては，学ぶべき内容
が明確に見てとれることが大切です。多くの単元内容の中で，最も重要で，確
実に理解しておかなければならない事柄を無理なく把握できれば，学習は着実
に進んでいきます。

　そのために，この本は，それぞれの単元で最も基本的で重要な部分をむだな
く学習できるように作られています。各単元においてまず把握するべき内容が
わかりやすい形で左ページにまとめてあります。さらに，学んだ内容を理解し
やすい標準的な例文で効率よく練習できるように，右ページに練習問題が配し
てあります。

　これらの特長をよく理解して，普段の学習に役立ててください。

　英語学習のポイントは，学ぶべき内容をはっきりと理解しつつ，実際に自分
で使ってみるということです。それも，細かな部分にとらわれるのではなく，
一番基本となる部分を正しく学習し続けることが大切です。そのような学習を
続けることによって，自然と英語が身につき，自分の英語力が次第に向上して
いくのを実感することができるでしょう。

　現在のわれわれの世界では，英語を用いる必要性が日々高まっています。単
に学習のためだけでなく，よりよい生活を送ったり，将来の職業で使用したり
するためにも，英語の力を大きく伸ばしておかなければなりません。この本が
そのようなみなさんのお役に立てることを願っています。

しくみと使い方

① 1回の単元の学習内容は2ページです。

その単元で学習する要点をまとめています。学習を始める前に確認しておきましょう。

学習する内容を説明しています。文章の途中にある空所をうめましょう。答えは右ページのいちばん下にのせています。

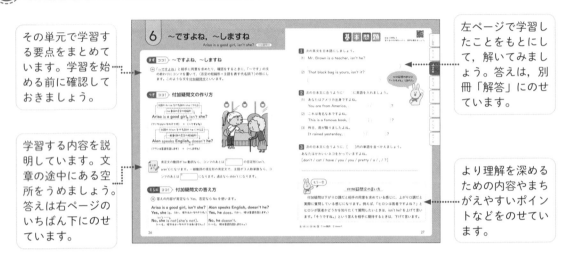

左ページで学習したことをもとにして、解いてみましょう。答えは、別冊「解答」にのせています。

より理解を深めるための内容やまちがえやすいポイントなどをのせています。

② 数単元ごとに、学習の内容を理解したかどうか確かめるための「確認テスト」があります。

まちがえた問題は、前のページに戻って、もう一度確認しましょう。

QRコードを読み取ると、英文の音声を聞くことができます。本書の画像のグレー部分をタッチして音声を再生してください。

テストで得点アップにつながるアドバイスをのせています。

さらに得点アップさせるためのQ＆Aをのせています。問題に取り組んだあとに、しっかり読んでおきましょう。

※お使いの機器によっては再生できないものもあります。
　通信費はお客様負担になります。

③ 巻頭には「中1の復習」を設けていますので、中学1年で学習した内容を確認してから中学2年の学習を本格的に進めることができます。また、巻末にある「会話表現編」で会話特有の表現方法も学習することができます。

④ 基本問題・確認テスト・会話表現編・実力テストの答えは別冊「解答」にのせています。

目次

中1の復習 ① be 動詞

にあてはまる語を入れましょう。

チェック ①

be 動詞の意味

・「～です」　・「(～に)います，あります」

be 動詞の変化

主語 ～は(が)	be 動詞	何，どう，どこに
I 私は	① です	a student . 学生
You あなたは	② です	very kind . とても親切
My father 私のお父さんは	③ います	in the kitchen . 台所に

主語	be 動詞
I	am
you, we, they など	are
he, she, it, this, that など	is

チェック ②

否定文(～ではありません)の作り方

This　is　your bag .
これは　です　あなたのカバン

↓

This　is　④　　　your bag .
これは　　ではありません　あなたのカバン

be 動詞の後ろに
not が入るよ。

疑問文(～ですか)の作り方

This　is　your bag .
これは　です　あなたのカバン

⑤　　　this　your bag ?
ですか　　これは　あなたのカバン

Yes , it　is .　　　No , it　isn't .
はい　そうです　　　いいえ　ちがいます

be 動詞が
前に出るよ！

右ページの答 ① play　② play　③ plays　④ don't　⑤ doesn't　⑥ Do　⑦ Does

4

中1の復習 ❷ 一般動詞（現在形）

<u>　　　　</u>にあてはまる語を入れましょう。

チェック ❶

一般動詞の意味

・「～します」

一般動詞の変化

主語が3人称・単数のときは一般動詞の後ろに(e)sがつくよ。

	主語 ～は(が)	一般動詞	何を だれを
1人称・単数	I 私は	①◯◯◯◯ ひきます	the piano . ピアノを
2人称・単数	You あなたは	②◯◯◯◯ ひきます	the piano . ピアノを
3人称・単数	He 彼は	③◯◯◯◯ ひきます	the piano . ピアノを

チェック ❷

否定文（～しません）の作り方

You ④◯◯◯◯ play the piano .
　　　ひきません

He ⑤◯◯◯◯ play the piano .
　　ひきません　↑動詞はsのつかない形だよ

主語が3人称・単数のときは does を使うよ。

疑問文（～しますか）の作り方

⑥◯◯◯◯ you play the piano ?
ひきますか

［答え方］ Yes , I do .　　No , I don't .
　　　　　はい　ひきます　　いいえ　ひきません

⑦◯◯◯◯ he play the piano ?
ひきますか　　↑動詞はsのつかない形だよ

［答え方］ Yes , he does .　　No , he doesn't .
　　　　　はい　　ひきます　　　いいえ　　ひきません

左ページの答 ①am ②are ③is ④not ⑤Is

にあてはまる語を入れましょう。

チェック ❶

2つ以上のものを表すときは，名詞の後ろに ① [　　] をつけます。

(e)s のつけ方

- -ch，-o，-s，-sh，-x で終わる単語 → es をつけます。

watch → ② [　　]　　tomato → ③ [　　]　　class → ④ [　　]
時計　　　　　　　　トマト　　　　　　　　授業

dish → ⑤ [　　]　　box → ⑥ [　　]
お皿　　　　　　　　箱

- 子音字＋y で終わる単語 → y を i に変えて es をつけます。

city → ⑦ [　　]　　country → ⑧ [　　]
市　　　　　　　　　国

不規則変化

man → ⑨ [　　]　　woman → ⑩ [　　]　　child → ⑪ [　　]
男性　　　　　　　　女性　　　　　　　　　子ども

チェック ❷

「いくつの〜」と数をたずねる疑問文では，How many の後ろの名詞は ⑫ [　　] になります。

How many ⑬ [　　] do you have?
何台の車を　　　　　　　あなたはもっていますか

チェック ❸

「いくつかの」「いくらかの」とはっきりしない数や量を表すときは，
肯定文では ⑭ [　　] を使い，
疑問文や否定文では ⑮ [　　] を使います。

I don't have any cups.
（私はひとつもカップをもっていません。）

not 〜 any で
「ひとつも〜ない」と
いう意味になるんだ。

右ページの答 ① be 動詞 ② buying ③ going ④ eating ⑤ using ⑥ taking ⑦ making ⑧ swimming ⑨ cutting ⑩ running ⑪主語 ⑫ not ⑬ Is ⑭ not ⑮ What ⑯ Where

6

中1の復習 ❹ 現在進行形

にあてはまる語を入れましょう。

チェック **1**

〈① [   ]+ ～ ing〉で，「～しています」という意味になります。

ing のつけ方

- そのまま ing をつける単語

buy → ② [   ]　　go → ③ [   ]　　eat → ④ [   ]
買う　　　　　　　行く　　　　　　　食べる

- e で終わる動詞は最後の e をとって ing

use → ⑤ [   ]　　take → ⑥ [   ]　　make → ⑦ [   ]
使う　　　　　　　とる　　　　　　　つくる

- 最後の文字を重ねて ing

swim → ⑧ [   ]　　cut → ⑨ [   ]　　run → ⑩ [   ]
泳ぐ　　　　　　　切る　　　　　　　走る

チェック **2**

「～していますか」は，be 動詞を ⑪ [   ] の前に出します。「～していません」は，be 動詞のあとに ⑫ [   ] を置きます。

⑬ [   ] she playing tennis?　　　　　（彼女はテニスをしていますか。）

She's ⑭ [   ] playing tennis.　　　　（彼女はテニスをしていません。）

チェック **3**

「何を（どこで）～していますか」というときは，What[Where]を文頭にもってきて，進行形の疑問文を続けます。

- ⑮ [   ] are you doing?　　（あなたは何をしていますか。）
- ⑯ [   ] is he playing soccer?　　（彼はどこでサッカーをしていますか。）

左ページの答 ①(e)s ②watches ③tomatoes ④classes ⑤dishes ⑥boxes ⑦cities ⑧countries ⑨men ⑩women ⑪children ⑫複数形 ⑬cars ⑭some ⑮any

にあてはまる語を入れましょう。

チェック 1

・「〜しなさい」というときは，主語を置かずに動詞の ① [　　　] から
始めます。

Have[Eat] breakfast. （朝食を食べなさい。）

・「〜でいなさい」というときは，be 動詞の文の主語をとって，be 動
詞を原形の ② [　　　] にします。

Be a good boy. （良い子でいなさい。）

・please を文頭か文末に置くと，ていねいな表現になります。

Please have[eat] breakfast. （朝食を食べて下さい。）

Have[Eat] breakfast, please. （朝食を食べて下さい。）

コンマ（カンマ）
を忘れないでね。

チェック 2

・「〜してはいけません」「〜になってはいけません」と禁止を表すとき
は，動詞の前に ③ [　　　] をつけます。

Don't open the door. （そのドアを開けてはいけません。）

Don't be late. （遅れてはいけません。）

チェック 3

・「〜しましょう」と人に誘いかけるときは，動詞の原形の前に
④ [　　　] を置きます。

Let's play tennis after school. （放課後テニスをしましょう。）

Yes, let's. / All right. / OK. / Sure. （いいよ。）

No, let's not. （いや，よそうよ。）

右ページの答 ①〜できます ②cannot[can't] ③主語 ④依頼 ⑤許可

中1の復習 ❻ 助動詞 can

◯ にあてはまる語を入れましょう。

チェック ❶

・〈can＋動詞の原形〉で，「①◯◯◯◯◯」という意味になります。
主語が何であっても can の形は変わりません。

He can play the piano.　（彼はピアノをひくことができます。）

plays に
しないでね。

チェック ❷

・②◯◯◯ は「～できません」と不可能を表します。

I cannot[can't] swim.　（私は泳ぐことができません。）

・「～できますか」とたずねるときは，can を ③◯◯◯ の前に出します。

Can he swim?　（彼は泳ぐことができますか。）

チェック ❸

・Can you ～？で「～してくれませんか」という ④◯◯◯ の意味や，
Can I ～？で「～してもいいですか」という ⑤◯◯◯ を求める表現
があります。

Can you open this bottle?　（このびんを開けてくれませんか。）

[答え方] Yes, of course.　（はい，もちろん。）

OK. / Sure. / All right.　（いいですよ。）

(I'm) Sorry, I can't.　（残念ですが，できません。）

Sorry, I'm busy now.　（残念ですが，いま忙しいです。）

Can I take your picture?　（あなたの写真を撮ってもいいですか。）

[答え方] Yes, of course.　（はい，もちろん。）

OK. / Sure. / All right.　（いいですよ。）

(I'm) Sorry, you can't.　（残念ですが，だめです。）

左ページの答 ①原形　②be　③Don't　④Let's

にあてはまる語を入れましょう。

チェック ❶

・(e)d をつけて過去形を作る「規則動詞」に対して，go や make のように，単語の形が変わる動詞を「不規則動詞」といいます。

規則動詞の過去形

I ① _____ tennis yesterday.　（私は昨日テニスをしました。）

不規則動詞の過去形

I ② _____ to the park last Saturday.　（私はこの前の土曜日に公園に行きました。）

チェック ❷

疑問文（〜しましたか）の作り方

・「〜しましたか」というとき，主語が何でも文の始めに ③ _____ を置きます。動詞は ④ _____ になります。

Did you see our teacher at the station?　（あなたは駅で私たちの先生を見ましたか。）

[答え方] Yes, I did. / No, I didn't.

（はい，見ました。）（いいえ，見ませんでした。）

否定文（〜しませんでした）の作り方

・「〜しませんでした」というとき，主語と動詞の間に ⑤ _____ を置きます。動詞は ⑥ _____ になります。

I did not go to the park last Saturday.　（私はこの前の土曜日に公園に行きませんでした。）

[didn't]

チェック ❸

疑問詞を使った疑問文の作り方

・⑦ _____ did you see her?　（あなたはいつ彼女を見ましたか。）

・⑧ _____ did he go?　（彼はどこに行きましたか。）

・⑨ _____ did you come here?　（あなたはどうやってここに来ましたか。）

右ページの答 ①was ②was ③were ④前 ⑤not

be 動詞の過去形

中1の復習

第1章

第2章

第3章

第4章

第5章

第6章

第7章

☐ にあてはまる語を入れましょう。

チェック **1**

be 動詞の過去形の意味

・「〜でした」
・「(〜に)いました，ありました」

過去形の be 動詞の変化

I ① ☐ free.　（私はひまでした。）

She ② ☐ in the classroom.　（彼女は教室にいました。）

They ③ ☐ friends.　（彼らは友人でした。）

> am も is も過去の文
> では was になるよ。
> are は were になるよ。

チェック **2**

疑問文(〜でしたか)の作り方

・「〜でしたか」とたずねるときは，主語の ④ ☐ に was や
were を出します。

The movie was interesting.

Was the movie interesting?　（映画はおもしろかったですか。）

Yes, it was.　（はい，おもしろかったです。）

No, it was not.　（いいえ，おもしろくありませんでした。）
　　[wasn't]

否定文(〜ではありませんでした)の作り方

・「〜ではありませんでした」と否定するときは，was や were のあ
とに ⑤ ☐ を置きます。

They were not hungry this morning.
　　[weren't]

（彼らは今朝空腹ではありませんでした。）

左 ペ ー ジ の 答　① played　② went　③ Did　④原形　⑤ didn't　⑥原形　⑦ When　⑧ Where　⑨ How

11

1 次の英文を，（　）内の指示にしたがって書きかえましょう。（8点×4＝32点）

(1) I study English <u>today</u>. （下線部を yesterday にかえて）

_____

(2) He saw Tom at the park. （疑問文にかえて）

_____

(3) She bought <u>flowers</u> today. （下線部をたずねる疑問文にかえて）

_____

(4) <u>They</u> were in America last year. （下線部を I にかえて）

_____

2 次の英文を日本語にしましょう。（8点×3＝24点）

(1) I listened to many CDs last month.

（　　　　　　　　　　　　　　　　　　　　　）

(2) How did you come here an hour ago?

（　　　　　　　　　　　　　　　　　　　　　）

(3) She was sick yesterday.

（　　　　　　　　　　　　　　　　　　　　　）

得点UP
アドバイス

◎ be 動詞の過去形は was と were だよ。主語によって使い分けよう。
◎「be 動詞＋in＋場所」で「～にいる」という意味になるよ。
◎ 過去形は主語が何であっても形は同じだよ。不規則動詞に気をつけよう。

3 次の疑問文に合う答えの文をあとから選び，記号で答えましょう。

(7点×4＝28点)

(1) Did you meet my brother?　　　　　　　　　　（　　　　）

(2) Where did you play tennis?　　　　　　　　　（　　　　）

(3) What time did you come home?　　　　　　　（　　　　）

(4) Were you with Tom then?　　　　　　　　　　（　　　　）

　ア At school.　　　　　　　　　イ No, I wasn't.

　ウ Yes, I did.　　　　　　　　　エ At eleven.

4 次の日本文に合うように，〔　　〕内の単語を並べかえましょう。(8点×2＝16点)

(1) 私たちは２年前日本にいました。

　〔years / were / we / ago / Japan / two / in / .〕

_____

(2) あなたはいつそのネコを見ましたか。

　〔you / cat / when / did / the / see / ?〕

_____

答え合わせが終わったら，音声を聞きましょう。

これで　レベルアップ

At school. や At eleven. のように，at は場所や時刻の両方に使えるの？

〈at＋場所〉はせまい場所や一地点を表すよ。〈at＋時〉は時刻や時の一点を表すんだよ。(例)at home(家に)，at the door(ドアのところで)，at that time(そのとき)

1 第1章 〜していました

I was cooking dinner then. 過去進行形

まず ココ！ 「〜していました」

➡ 「〜していました」と過去のあるときに何かの動作をしていたことを表すとき，〈was, were＋動詞の〜 ing 形〉の形になります。

つぎ ココ！ 「〜していました」の文の作り方

過去形 過去の動作や行為
I cooked dinner yesterday.
　　　　　　　　　　　　昨日
（私は昨日夕食を作りました。）

現在進行形 現在進行中の動作や行為
I am cooking dinner now.
　　　　　　　　　　　　今
（私は今夕食を作っています。）

過去進行形 過去のある時点で進行中の動作や行為
I was cooking dinner then.
　　　　　　　　　　　　そのとき
（私はそのとき夕食を作っていました。）

昨日の
ドラマ見た？

その時間は…

まとめ
よう

過去進行形は，過去のある時点で動作や行為が □□□□□□□ であったことを表します。過去進行形は〈was, were＋動詞の〜 ing 形〉の形で表されます。

さらに ココ！ 〜 ing 形の作り方に注意！

➡ 〜 ing 形の作り方には 3 通りの方法があります。

語尾にそのまま ing をつける	例	play → playing watch → watching
語尾が e で終わる動詞は最後の e をとって ing	例	come → coming write → writing
語尾の最後の文字を重ねて ing	例	run → running get → getting

数は少ないので，
変化形そのものを
覚えよう！

中1の復習

第1章

第2章

第3章

第4章

第5章

第6章

第7章

基本問題

解答⇒別冊p.1
答え合わせが終わったら，音声を聞きましょう。

1 次の動詞の〜 ing 形を書きましょう。

(1) make −（　　　　　　）　　　(2) watch −（　　　　　　）

(3) come −（　　　　　　）　　　(4) get −（　　　　　　）

2 次の英文を，（　　）内の語句を用いて過去進行形の文に書きかえましょう。

(1) I look for the book in the library.（then）

_____

(2) Meg studies science.（at that time）

_____

(3) The old man takes a walk.（two hours ago）

_____

3 次の英文を日本語にしましょう。

(1) He was reading a newspaper then.

（　　　　　　　　　　　　　　　　　　　　　）

(2) My sister was cooking at six yesterday.

（　　　　　　　　　　　　　　　　　　　　　）

もう一歩

過去進行形とともによく使われる語句

　過去進行形は，過去のあるとき，何かの動作をし続けていたことを表す表現なんだね。そのため，then(そのとき，そのころ，当時)や at that time(そのとき)などの語句がよく使われます。

I was playing the guitar at that time[then].

(私はそのときギターをひいていました。)

左 ペ ー ジ の 答　進行中

15

2 ～していましたか，～していませんでした

Were you walking in the park then? 過去進行形の疑問文 / 否定文

まず コ コ！ 「～していましたか」「～していませんでした」

➡ 「～していましたか」と進行形でたずねるときは，**be 動詞を主語の前**に出します。

➡ 過去進行形の否定文は，**be 動詞のあとに not** を置いて表します。

つぎ コ コ！ 「～していましたか」の文の作り方

I was walking in the park then.
　歩いていました　　　　　　　　そのとき

　　主語の前に be 動詞の were を出す

Were you walking in the park then?
(あなたはそのとき公園を歩いていましたか。)

Yes, I was. (はい，歩いていました。)
No, I was not[wasn't].
　　　(いいえ，歩いていませんでした。)

答え方はふつうの be 動詞を使った過去
の疑問文に答えるときと同じだね。

昨日の
15時頃
公園を
歩いてた？

家にいたよ～

ふつうの be 動詞を使った過去の否定文と同じ
ように，was，were の後ろに not を置くよ。

I was not[wasn't] walking in the park then.
(私はそのとき公園を歩いていませんでした。)

**まとめ
よう** 過去進行形の疑問文は，① [　　　] 動詞を文頭にもってきます。答えるときも
② [　　　] や were を使って答えます。

さらに コ コ！ 「～は何を(どこで)していましたか」の文の作り方

➡ 「何を，どこで」というように Yes，No ではなく，具体的な答えを相手に求
めるときは，what，where などの疑問詞を文頭において，そのあとは過去
進行形の疑問文の形を続けます。

What were you doing? (あなたは何をしていましたか。)
Where was he running? (彼はどこで走っていましたか。)

基本問題

解答⇒別冊p.2
答え合わせが終わったら，音声を聞きましょう。

1 次の英文を疑問文に書きかえましょう。

(1) They were swimming.

_____

(2) The boy was kicking a ball in the yard.

_____

(3) It was raining then.

_____

2 次の英文を否定文に書きかえましょう。

(1) I was sitting on the bench.

_____

(2) She was using the computer then.

_____

(3) My daughter was doing her homework at that time.

_____

3 次の日本文を英語にしましょう。

(1) 彼らはどこで昼食を食べていましたか。

_____

(2) あなたはそのとき何をしていましたか。

_____

左 ペ ー ジ の 答 ① be ② was

3 ～するつもりです，～する予定です

I am going to visit Nara next Saturday. be going to

まず ココ！ 「～するつもりです」，「～する予定です」

➡ 前もって決めていたことについて「～するつもりです」，「～する予定です」
というとき，〈be 動詞＋going to＋動詞の原形〉の形になります。

つぎ ココ！ 「～するつもりです」の文の作り方

未来を表す表現

I | am going to | visit Nara next Saturday.
　　　　　　　　原形　　　　　　次の土曜日

（私は次の土曜日に奈良を訪れるつもりです[予定です]。）
┗→ 主語によって be 動詞 is，am，are を使い分けよう！
未来を表すことばには tomorrow(明日)などがあるよ ◀

まとめ
よう　前もって決めていたことについて「～するつもりです」というとき，〈be 動詞＋

[　　　　　　　　]＋動詞の原形〉の形になります。

さらに ココ！ 未来の表現の疑問文と否定文

➡ 「～するつもりですか」とたずねるときは，主語の前に be 動詞を出します。
➡ 「～するつもりはありません」と否定するときは，be 動詞のあとに not を置
きます。

Is | he going to play soccer? （彼はサッカーをするつもりですか。）
┗→ 主語の前に be 動詞の is を出す

Yes, he is. / No, he isn't[he's not].
　　　　　　　　　　　　（はい，するつもりです。／いいえ，するつもりはありません。）

He | is not | going to play soccer. （彼はサッカーをするつもりはありません。）
┗→ isn't，he's not の短縮形も使えるよ！

基本問題

解答⇒別冊p.2
答え合わせが終わったら，音声を聞きましょう。

第1章
第2章
第3章
第4章
第5章
第6章
第7章

1 次の英文を日本語にしましょう。

(1) I am going to see you tomorrow.

(   )

(2) Are you going to visit America?

(   )

(3) He is not going to study English.

(   )

2 次の英文を be going to を使った文に書きかえましょう。

(1) I live in Japan.

_____

(2) Does he sing with us?

_____

be going to の文
では do や does を
使わないよ。

(3) We don't leave your house.

_____

3 次の日本文を英語にしましょう。

あなたは明日何をするつもりですか。

_____

左 ペ ー ジ の 答 going to

19

4 ～するつもりです，～でしょう

I will study math tonight. （will ＋動詞の原形）

まず ココ！ 「～するつもりです」，「～でしょう」

➡ そのときに決めたことを「～するつもりです（しようと思う）」というときや，「～でしょう」と未来のことを予想するときは，〈will ＋動詞の原形〉で表します。

つぎ ココ！ 「～するつもりです」，「～でしょう」の文の作り方

意志未来 主語が I または we のとき

I will study math tonight.
　　　　　 原形　　 数学
I'll と短縮できるよ！ （私は今夜数学を勉強するつもりです。）

明日は
数学のテストを
やるぞ!!

エ～ッ！

未来予想 ─ is，am，are の be 動詞の原形

He will be busy next Monday.
（彼は次の月曜日忙しいでしょう。）
He'll と短縮できるよ！
主語が何であっても will の形は変わらないよ！

●トムクルーズにインタビュー
●ジャッキーチェンの撮影

まとめ
よう

〈will ＋動詞の原形〉は，「①□□□□□□□」や「～でしょう」という未来の意味を表します。会話では I will を I'll，he will を ②□□□□□□□ にして，短縮形が使われることが多いです。

さらに ココ！ will の疑問文と否定文

➡ 「～しますか」「～でしょうか」とたずねるときは，主語の前に will を出します。

➡ 「～しません」「～しないでしょう」と否定するときは，will のあとに not を置きます。

Will you practice soccer tomorrow?
└──➡ 主語の前に will を出す　（あなたは明日サッカーを練習しますか。）

Yes, I will. / No, I will not [won't].
（はい，します。／いいえ，しません。）

They will not practice soccer tomorrow.
└──➡ 短縮形は won't　（彼らは明日サッカーを練習しないでしょう。）

解答⇒別冊p.2
答え合わせが終わったら，音声を聞きましょう。

1 次の英文を日本語にしましょう。

(1) I will visit Japan tomorrow.

(　　　　　　　　　　　　　　　　　　　　)

(2) Will you come to my house tomorrow?

(　　　　　　　　　　　　　　　　　　　)

> Will you ～?
> は，「～するつもりで
> すか」という意味に
> なるよ。

2 次の英文を will を使った文に書きかえましょう。

(1) I live in America.

_____

(2) Do you play the piano for me?

_____

(3) He doesn't play soccer with us.

_____

3 次の日本文を英語にしましょう。

あなたは花を買うつもりですか。― はい，買うつもりです。

_____

もう一歩

I'm going to ～と I'll ～のちがいって？

　be going to は前もって決めていることについて，will はその場で起こったことや状況によって決めたことをいうときに will を使うよ。

中1の復習
第1章
第2章
第3章
第4章
第5章
第6章
第7章

1 次の英文を日本語にしましょう。(6点×4＝24点)

(1) I am going to practice tennis this afternoon.

(　　　　　　　　　　　　　　　　　　　　　　)

(2) Are you going to meet Ellen tomorrow?

(　　　　　　　　　　　　　　　　　　　　　　)

(3) They were watching TV then.

(　　　　　　　　　　　　　　　　　　　　　　)

(4) We will not sing this song today.

(　　　　　　　　　　　　　　　　　　　　　　)

2 次の英文を，(　　)内の指示にしたがって書きかえましょう。(7点×4＝28点)

(1) She doesn't come to my house. (be going to を用いて)

_____

(2) Does your sister make dinner? (be going to を用いて)

_____

(3) We don't play soccer after school. (will を用いて)

_____

(4) He runs in the park. (過去進行形の文に)

_____

中1の復習

第1章

第2章

第3章

第4章

第5章

第6章

第7章

◎ be going to の be は主語によって使い分けるよ。
◎ run や stop などの〜 ing 形に気をつけてね。
◎ will と be going to のあとの動詞は原形になるよ。

3 次の英文を，（　　）内の指示にしたがって書きかえましょう。(8点×3＝24点)

(1) Are the girls going to sing for us?（no で答える）

_____

(2) Were you listening to music at that time?（no で答える）

_____

(3) What did you talk about?
　　　　（tomorrow をつけ加えて，「〜するつもりですか」という文に）

_____

4 次の日本文を英語にしましょう。(8点×3＝24点)

(1) 私の父は新しい家を買うつもりはありません。(10 語で)

_____

(2) 私たちは公園まで歩いていくつもりはありません。(7 語で)

_____

(3) 私はそのとき寝ていました。(4 語で)

_____

寝る：sleep

答え合わせが終わったら，音声を聞きましょう。

これで　レベルアップ

will と be going to は同じ意味なの？

will は，「〜するつもりです」という be going to と同じ意味をもっているよ。他に主語が I や we のときは，主語の意志を表すことがあるよ。

23

5 第2章 〜に…があります(います)

There is a room in the dollhouse.　(There is(are) 〜)

まず ココ！ 「〜に…があります(います)」

➡️ 「〜に…があります(います)」というときは There is 〜. There are 〜. で表します。「〜に」と場所を表すときは，in(〜の中に)，at(〜に)，on(〜の上に)などのことばがよく使われます。

つぎ ココ！ 「〜に…があります(います)」の文の作り方

まとめよう 意味上の主語は，文頭の there ではなく，is や are の後ろにあります。be 動詞は主語が単数なら①□□□□□，複数なら②□□□□□□□になります。場所を表す語句を加えるときは，名詞の後ろに置きます。

さらに ココ！ 「〜に…がありますか(いますか)」

➡️ 「〜がありますか(いますか)」とたずねるときは，be 動詞を文頭にもってきます。

文頭に

Is there a dog on the ball?
　　　　　　　場所を表す語句　(ボールの上に犬がいますか。)

Yes, there is.　(はい，います。)
No, there is not[isn't].　(いいえ，いません。)

中1の復習

第1章

第2章

第3章

第4章

第5章

第6章

第7章

解答⇒別冊p.3
答え合わせが終わったら，音声を聞きましょう。

基本問題

1 次の英文を日本語にしましょう。

(1) There is a big park in our city.

( )

(2) There aren't any pictures in my room.

( )

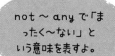

not ～ any で「まったく～ない」という意味を表すよ。

2 次の日本文に合うように( )に英語を入れましょう。

(1) 私の家の近くには図書館があります。

( ) ( ) a library near my house.

(2) この市には高い塔がありますか。

( ) ( ) a tall tower ( ) this city?
　　　　　　　　　　　　　塔

3 次の日本文に合うように，[ ]内の単語を並べかえましょう。

日本には大きな都市がたくさんあります。

[in / are / cities / Japan / there / big / many / .]

_____

もう一歩

There is[are] のあとは固有名詞はこない

　There is[are]のあとには必ず「特定ではないもの」が続くよ。Tokyo(東京)などの固有名詞や，特定の人やもの〈my ～(わたしの～)，～'s(～のもの)，the (その)などがついた語〉は，ふつう there の文に使わないよ。

～ですよね，～しますね

Arisa is a good girl, isn't she? 付加疑問文

まず ココ！ ～ですよね，～しますね

→ 「～ですよね」と相手に同意を求めたり，確認をするときに，「～です」の文の終わりにコンマを置いて，〈否定の短縮形＋主語を表す代名詞？〉の形にします。このような文を付加疑問文といいます。

つぎ ココ！ 付加疑問文の作り方

主語の Arisa を代名詞の she にかえる
be 動詞の否定の短縮形

Arisa is a good girl, isn't she?
コンマ

（アリサはよい女の子です）　＋　（～ですよね）

主語の Alan を代名詞の he にかえる
一般動詞の否定の短縮形

Alan speaks English, doesn't he?
コンマ

（アランは英語を話します）　＋　（～しますね）

まとめ よう 肯定文の動詞が be 動詞なら，コンマのあとは [①＿＿＿＿＿] の否定形(isn't, aren't)になります。一般動詞の現在形の肯定文で，主語が 3 人称単数なら，コンマのあとは [②＿＿＿＿＿] になります。過去なら didn't になります。

さらに ココ！ 付加疑問文の答え方

→ 答えの内容が肯定なら Yes，否定なら No を使います。

Arisa is a good girl, isn't she?	**Alan speaks English, doesn't he?**
Yes, she is. （はい，彼女はよい女の子です。）	**Yes, he does.** （はい，彼は英語を話します。）
isn't→ **No, she is not[she's not].** （いいえ，彼女はよい女の子ではありません。）	**No, he doesn't.** （いいえ，彼は英語を話しません。）

中1の復習

第1章

第2章

第3章

第4章

第5章

第6章

第7章

基本問題

解答⇒別冊p.3
答え合わせが終わったら，音声を聞きましょう。

1 次の英文を日本語にしましょう。

(1) Mr. Brown is a teacher, isn't he?

(　　　　　　　　　　　　　　　　　　　)

(2) That black bag is yours, isn't it?

(　　　　　　　　　　　　　　　　　)

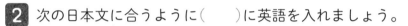

付加疑問の部分は「〜ですよね」と訳そう。

2 次の日本文に合うように（　　　）に英語を入れましょう。

(1) あなたはアメリカ出身ですよね。

You are from America, (　　　　　) (　　　　　)?

(2) これは有名な本ですよね。

This is a famous book, (　　　　　) (　　　　　)?

(3) 昨日，雨が降りましたよね。

It rained yesterday, (　　　　　) (　　　　　)?

3 次の日本文に合うように，〔　　〕内の単語を並べかえましょう。

あなたはかわいいネコをかっていますよね。

[don't / cat / have / you / you / pretty / a / , / ?]

もう一歩

付加疑問文の言い方

　付加疑問は下がり口調だと相手の同意を求めている感じに，上がり口調だと実際に質問している感じになります。例えば，「ヒロシは医者ですよね？」とヒロシが医者かどうかを知りたくて質問したいときは，isn't he? を上げて言います。「そうですね。」という答えを相手に期待するときは，下げて言います。

7 SVOO / SVOC

My sister teaches me math. / My mother calls me Megu. SVOO / SVOC の文

まず ココ! ▷ SVOO 「(人)に(もの)を…する」 の文

→ S は主語, V は動詞, O は目的語(名詞)のことです。

→ 「(人)に(もの)を…する」の文は〈主語＋動詞 (show / give / buy / teach など)＋人＋もの〉という形になります。

つぎ ココ! ▷ SVOO 「(人)に(もの)を…する」 の文の作り方

My sister teaches me math.
　　主語　　　　動詞　　人　　もの
(私の姉は私に数学を教えます。)

I'll buy her a present.
主語　動詞　　人　　　　もの
(私は彼女にプレゼントを買うつもりです。)

人が代名詞のときは
目的格(me, us,
him, her, them)に
なるんだね。

 SVOO 「(人)に(もの)を…する」の文は〈主語＋動詞 (show / give / buy / teach など)＋人＋もの〉という語順になります。「人」が代名詞の場合は ［　　　　　］ を使います。

さらに ココ! ▷ SVOC 「～を・・・と呼ぶ[にする]」 の文

→ S は主語, V は動詞, O は目的語(名詞), C は補語(名詞または形容詞)のことです。

→ SVOC の文〈主語＋動詞(call[make])＋目的語＋補語〉という形になります。

　　　　　　　　　　┌→me=Megu
My mother calls └me Megu.
　　主語　　　　動詞　　名詞　　名詞　　　　　(私の母は私をめぐと呼びます。)

　　　　　　　　┌→our family=happy
Our dog makes └our family happy.
　　主語　　　　動詞　　　　名詞　　　　形容詞　　(私たちの犬は家族を幸せにしてくれます。)

28

1 次の英文を日本語にしましょう。

(1) Can you show me your picture?

( )

(2) My sister will give them some flowers.

( )

(3) What do you call him?

( )

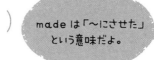
made は「〜にさせた」という意味だよ。

(4) This book made us sad.

( )

2 次の日本文に合うように，[ ]内の単語を並べかえましょう。

(1) 彼らに英語を教えてくれませんか。 [them / English / teach / can / you / ?]

_____

(2) 私のことをマコと呼んでください。 [please / me / call / Mako / .]

_____

(3) エリックは彼にペンを買いました。 [bought / Eric / a pen / him / .]

_____

 もう一歩

SVOO「(人)に(もの)を…する」の文の書きかえ

SVOO「(人)に(もの)を…する」の文は〈主語＋動詞＋もの＋to[for]＋人〉の形に書きかえることができるよ。

〈to をとる動詞〉	〈for をとる動詞〉
show, teach, give, tell など	buy, make, cook など
He teaches us English.	He bought me a present.
＝ He teaches English to us.	＝ He bought a present for me.

左ページの答 目的格

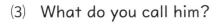

1 次の日本文に合うように，（　　）内から正しいものを選びましょう。

（7点×4＝28点）

(1) 壁に絵がかかっています。

There (is / am / are) a picture on the wall.

(2) 私は彼に本を何冊かあげるつもりです。

I will give (he / his / him) some books.

(3) あなたは日本から来たのですよね。

You came from Japan, (were / did / didn't) you?

(4) これはあなたのお父さんの車ですよね。

This is your father's car, isn't (it / this / that)?

2 次の英文を日本語にしましょう。（8点×3＝24点）

(1) This song made us happy.

（　　　　　　　　　　　　　　　　　　　）

(2) How many CDs are there in your room?

（　　　　　　　　　　　　　　　　　　　）

(3) They have many good books in this shop, don't they?

（　　　　　　　　　　　　　　　　　　　）

◎「〜ですよね」は〈否定の短縮形[do(es)，be動詞]＋主語を表す代名詞？〉を「,」の後ろに置くよ。
◎ There 〜. の文では，主語は be 動詞の後ろ。現在の文では，be 動詞は主語が単数なら is，複数なら are だよ。

3 次の日本文に合うように（　）に英語を入れましょう。(8点×3＝24点)

(1) 学校にはひとりも生徒がいませんでした。

There weren't (　　　　) (　　　　) in the school.

(2) あなたのお姉さんはかわいい動物が好きですよね。

Your sister likes pretty animals, (　　　　) (　　　　)?

(3) 田中先生は彼らにボールを買いました。

Mr. Tanaka (　　　　) (　　　　) some balls.

4 次の日本文に合うように，[　]内の単語を並べかえましょう。(8点×3＝24点)

(1) この町には多くの人々がいます。

[in / are / people / town / there / this / many / .]

_____

(2) 私の友だちは私をタカと呼びます。

[Taka / call / friends / me / my / .]

_____

(3) 昨日雨が降ったよね。

[yesterday / didn't / it / rained / it / , / ?]

_____

答え合わせが終わったら，音声を聞きましょう。

これで レベルアップ

Let's play tennis. を付加疑問文にすると？

Let's 〜. の文を付加疑問文にするときは，〈, shall we?〉を使うよ。Let's play tennis, shall we? になるんだ。

31

8 ～とき(に)

Ryo loved baseball when he was a child. 接続詞 when

まず ココ! 「～とき(に)」

➡ 接続詞の when や where は文と文をつなぐ役割をします。

➡ 接続詞の when は,「(～する[した])とき(に)」という意味になります。

つぎ ココ! 「～とき(に)」の文の作り方

Ryo loved baseball.
　　　　　　(リョウは野球が大好きでした。)

He was a child. 　(彼は子どもでした。)

この2つの文を接続詞の When を使って
1つの文にすることができるよ

子どもの頃
野球が大好き
だったんです

え～～っ, 意外

いつのことなのかを
述べているよ

Ryo loved baseball when he was a child.
リョウは野球が大好きでした　　　　子どもだったとき

(子どもだったとき, リョウは野球が大好きでした。)

まとめ
よう

接続詞の when や where は文と文を ①[　　　] 役割をしています。「②[　　　]」
という意味の接続詞 when に続く文は, いつのことなのかを述べています。

さらに ココ! when の文のコンマに注意!

➡ when ～ が前に出ているとき, 2つの文のつなぎ目にコンマをつけます。
　 when ～ が後ろのときは, コンマはいりません。

When he was a child , Ryo loved baseball.
　　　　　└when ～ が文の前半にくるとき, コンマが必要

2つの訳は同じだよ!
when ～ の部分から
先に日本語にするよ。

Ryo loved baseball when he was a child .
　　　　when ～ が文の後半にくるとき, コンマは不要

基本問題

解答⇒別冊p.4
答え合わせが終わったら，音声を聞きましょう。

1 次の英文を日本語にしましょう。

(1) When I was a boy, I lived in America.

（　　　　　　　　　　　　　　　　　　　　　　　）

(2) Please be quiet when you are in the classroom.

（　　　　　　　　　　　　　　　　　　　　　　　）

(3) When I was walking near the park, I saw Tom.

（　　　　　　　　　　　　　　　　　　　　　　　）

2 次の日本文に合うように，〔　　〕内の単語を並べかえましょう。

(1) 家に帰ったときには手を洗いなさい。

〔your / when / hands / come / wash / home / you / .〕

_____

(2) ひまなときは私に電話をしてもいいですよ。

〔call / are / me / when / can / free / you / you / , / .〕

_____

コンマがある
ことに注意して
並べよう。

3 次の日本文を英語にしましょう。

私が彼を訪問したとき，彼は本を読んでいました。

_____

もう一歩

「いつ？」という意味の when とはちがうの？

「いつ〜しますか」「いつ〜ですか」に使われる when は疑問詞と呼ぶよ。疑問詞の後ろの語順はほかの疑問文と同じように，is this 〜？，do you 〜？のような形になるよ。接続詞の when は疑問詞ではないので，後ろの語順は〈主語＋動詞〉になるので注意してね。

左ページの答　①つなぐ　②〜とき

9 もし〜ならば…

まず ココ！ 「もし〜ならば…」

➡ 「もし〜ならば…」と条件を言いたいときは，接続詞 if を使います。

つぎ ココ！ 「もし〜ならば…」の文の作り方

You are tired. （あなたは疲れています。）
You can take a rest.
　　　　　　（あなたは休憩してもよいです。）

2 つの文を接続詞 if を使って 1 つの文にする
ことができるよ

If you are tired, ｜**you can take a rest**｜.
もしあなたが　　　　　　　　　　　休憩してもよいです
疲れているならば

中心の文

if に続く条件を表す文が，中心の文に結びつく
はたらきをします。

まとめ
よう ✎
if からコンマまでの文は，「もし〜ならば」と ⬚ を表していて，中心の
文に結びつくはたらきをしています。

さらに ココ！ if の文のコンマに注意！

➡ if 〜が前に出ているとき，2 つの文のつなぎ目にコンマをつけます。
　if 〜が後ろのときは，コンマはいりません。

｜**If you are tired**｜, **you can take a rest.**
　　　　　　　　└if 〜が文の前半にくるとき，コンマが必要

You can take a rest ｜**if you are tired**｜.
　　　　　　　　　　　└if 〜が文の後半にくるとき，コンマは不要

if 〜の部分が文の前半
と後半のどちらにあっても，
if 〜の部分から先に訳
すので 2 つの訳は同じ
だよ！

条件を先にいって，そのときどうす
るか，どうなるのかを示すことが多いので，
if の文が前にくることが多いよ。

中1の復習

第1章

第2章

第3章

第4章

第5章

第6章

第7章

基本問題　解答⇒別冊p.4
答え合わせが終わったら，音声を聞きましょう。

1　次の英文を日本語にしましょう。

(1)　If it is sunny, we can play soccer.

　（　　　　　　　　　　　　　　　　　　　　　）

(2)　Please help me with my homework if you are free.

　（　　　　　　　　　　　　　　　　　　　　　）

2　次の日本文に合うように，[　　]内の語句を並べかえましょう。

(1)　もしリンゴが好きなら，アップルパイを作りましょう。

　[like / let's / you / if / make / apples / an apple pie / , / .]

　_____

(2)　もし今日雨が降るなら，家にいます。

　[rains / I'll / today / it / home / if / stay / .]

　_____

3　次の日本文を英語にしましょう。

もし日本に来るなら，私に電話してください。

　_____

～に電話する：call ～

もう一歩

if の文

　条件を表す if 節の中の動詞は，現在形を用いなければならないんだ。

例　If it rains, Jane won't come.　（もし雨が降れば，ジェーンは来ないだろう。）

実際はまだ雨は降っていないけど，もしこれから雨が降るならば，と条件を表すときは will を使わずに現在形を用いるよ。

左ページの答　条件

10 〜なので

I stayed home because I was sick. 接続詞 because

まず ココ！〜「〜なので」

➡ 「〜なので」と理由を言いたいときは，接続詞 because を使います。

つぎ ココ！〜「〜なので」の文の作り方

I stayed home. （私は家にいました。）
I was sick. （私は病気でした。）

> 2つの文を接続詞 because を使って1つの文
> にすることができるよ

I stayed home <u>because</u> I was sick.
（私は病気だったので家にいました。）

becauseの後に理由を表す文を置くよ

Because I was sick⑨ I stayed home.

because 〜が文の前半にくるとき，コンマが必要

どうして学校休んだの？

まとめよう

because は ①［　　　　　　　］ と理由を表す接続詞です。because の文が前半にくると ②［　　　　　　　］ をつけます。

さらに ココ！〜 Why 〜？の問いに対する答え

➡ 「なぜ〜なのですか」と<u>理由</u>をたずねるときは，Why を文頭に置いて疑問文を作ります。この疑問文に答えるときは，〈Because＋理由を表す文〉の形にします。

Why did you stay home? （なぜ家にいたのですか。）
  └文頭に置く └→疑問文の語順
  「どうして[なぜ]」

Because I had a lot of homework.
         ↑（たくさんの宿題があったからです。）
     Because の後ろに理由を表す文を置く

36

基本問題　解答⇒別冊p.5
答え合わせが終わったら，音声を聞きましょう。

中1の復習

第1章

第2章

第3章

第4章

第5章

第6章

第7章

1 次の英文を日本語にしましょう。

(1) I am happy because today is my birthday.

（　　　　　　　　　　　　　　　　　　　　　　　）

(2) Ellen can't help her mother because she is busy.

（　　　　　　　　　　　　　　　　　　　　　　　）

(3) Because it rained, we didn't play soccer.

（　　　　　　　　　　　　　　　　　　　　　　　）

理由を表す部分は
because から始めよう。

2 次の日本文に合うように，〔　　〕内の単語を並べかえましょう。

(1) 宿題を終えたので，私はひまです。

[free / homework / I / I / because / my / am / finished / .]

_____

(2) サエは疲れていたので，早く寝ました。

[to / was / went / tired / Sae / early / because / bed / she / .]

_____

3 次の日本文を英語にしましょう。

なぜ，あなたはドアを開けたのですか。— 暑かったからです。

_____

左ページの答　①〜なので　②コンマ

11 ～ということ

I think that she plays the guitar well. （接続詞 that）

まず ココ！ 「～ということ」

➡️ 「～ということ」という意味の接続詞 that を用いて，2つの文をつなぐことができます。that のあとには〈主語＋動詞〉の形が続きます。

つぎ ココ！ 「～ということ」の文の作り方

She plays the guitar well. （彼女は上手にギターをひきます。）
I think. （私は思います。）

2つの文を接続詞の that を使って1つの文にすることができるよ

I think that she plays the guitar well.
私は思います　　　　　　　　　目的語
　　　　　　　彼女は上手にギターをひくと

that は省略できるよ！

接続詞 that の前には，think のほかに，know（知っている），hope（望む），believe（信じる），say（言う）などの動詞が使われるよ。

まとめよう 接続詞 that に続く文は，動詞の ①[　　　] になっています。この that は ②[　　　] することができます。

さらに ココ！ 否定文・疑問文（現在形）

➡️ 否定文は，〈主語＋don't / doesn't＋動詞の原形＋that ～.〉の形になります。

➡️ 疑問文は〈Do / Does＋主語＋動詞の原形＋that ～?〉の形になります。

　　　　　　　　　　　　目的語
I don't think (that) this book is difficult. （私はこの本は難しくないと思います。）
　　　　　　　　　　主語　　動詞

　　　　　　　　　　　目的語
Do you think (that) this book is difficult? （あなたはこの本は難しいと思いますか。）
　　　　　　　　　主語　　動詞

否定文の日本語訳に注意！また否定文・疑問文になっても that 以下の語順は変わらないよ！

基 本 問 題

解答⇒別冊p.5
答え合わせが終わったら，音声を聞きましょう。

1 次の英文を日本語にしましょう。

(1) Do you know that he has a dog?

(   )

(2) My mother says that it will be hot tomorrow.

(   )

(3) I hope you can play soccer with me.

(   )

2 次の日本文に合うように，[   ]内の単語を並べかえましょう。

(1) 私はその答えは正しくないと思います。

[the / think / answer / I / is / right / don't / that / .]

_____

(2) 彼が有名な先生であることを私たちは知っています。

[is / know / teacher / he / we / famous / a / .]

_____

that を用いるかどうかを
確認しよう。

もう一歩

主語＋be 動詞＋形容詞＋that 〜. の文

接続詞 that の前には，be 動詞と感情や心理を表す sure，glad などの形容詞を続けることもできるよ。

be sure (that)〜 きっと〜だと思う，〜ということを確信している

be glad (that)〜 〜ということがうれしい

be afraid (that)〜 〜ということを恐れる

be surprised (that)〜 〜ということに驚く

be sorry (that)〜 〜ということを残念に思う，〜ということを申し訳なく思う

中 1 の 復 習

第 1 章

第 2 章

第 3 章

第 4 章

第 5 章

第 6 章

第 7 章

1 次の日本文に合うように，（　　）内から正しいものを選びましょう。

（8点×4＝32点）

(1) ひまなときは私に電話してください。

　　Please call me (because / before / when) you are free.

(2) もし答えを知っているなら教えてください。

　　Please tell me (when / if / after) you know the answer.

(3) 彼女はきっと来ると私は思います。

　　I'm sure (it / this / that) she will come.

(4) 今日はとても寒いので外へ行けません。

　　You can't go out (if / because / before) it is very cold today.

2 次の英文に続くことができる文をあとから選び，記号で答えましょう。

（7点×4＝28点）

(1) I'll make pizza （　　　　　）

(2) I can't help you （　　　　　）

(3) Let's go shopping （　　　　　）

(4) I don't think （　　　　　）

　　ア that English is easy.　　イ if you are free.

　　ウ if you are hungry.　　エ because I am busy now.

○ 接続詞で2つの文をつなぐとき，それぞれに主語と動詞がある形にするのを忘れないで！
○ when，because，if などの意味を理解しておこう。
○ 動詞の目的語になる接続詞 that（〜ということ）は省略することができるよ。

3 次の英文を日本語にしましょう。(8点×3＝24点)

(1) When I was in America, I studied English hard.

( )

(2) She was happy because her father bought her a present.

( )

(3) He was very tired because he played soccer.

( )

4 次の日本文に合うように，[   ]内の単語を並べかえましょう。(8点×2＝16点)

(1) あなたは彼女が日本にいることを知っていますか。

[that / is / do / she / in / Japan / you / know / ?]

_____

(2) もしあなたが仕事を終えたら，私に電話してください。

[you / finish / the / me / if / work / call / , / .]

_____

答え合わせが終わったら，音声を聞きましょう。

これで **レベルアップ**

なぜ when などの文では未来を表している内容でも，現在形を使うの？

when，after（〜した後で），before（〜する前）など時を表す接続詞のあとに続く部分は，予測ではなく，確実に起きることを述べているので，現在形を使うんだよ。

12

第3章

～するために

I went to Wakayama to see Tama ekicho.　不定詞の副詞的用法

まず　ココ！　「～するために」

➡ 〈to＋動詞の原形〉を不定詞といいます。

➡ 動詞を説明する不定詞を副詞的用法といい，「～するために」という意味を表します。

つぎ　ココ！　「～するために」の文の作り方

I went to Wakayama.
（私は和歌山に行きました。）

> この英文に〈to＋動詞の原形〉
> をつけ加えてみよう。不定詞は
> 文末に置かれることが多いよ

I went to Wakayama to see Tama ekicho.
　　　　　　　　　　　　　　タマ駅長を見るために

「タマ駅長を見るために」は，和歌山に
行った目的を表しているよね。

まとめよう　〈to＋動詞の原形〉を ①[　　　] といいます。副詞的用法は，「～するために」
という ②[　　　] を表していて，動詞を修飾するはたらきがあります。

さらに　ココ！　Why ～？の疑問文の答え

➡ Why ～？「なぜ～ですか。」の問いに目的を答えるときは，不定詞の形を使います。

Why do you learn Japanese?
　　　　　　（あなたはなぜ日本語を学んでいるのですか。）

To read manga in Japanese.
　　　　　（（日本の）マンガを日本語で読むためです。）←「目的」
[この文も正解] ↓

I learn Japanese to read manga in Japanese.
（私は（日本の）マンガを日本語で読むために日本語を学んでいます。）

中1の復習
第1章
第2章
第3章
第4章
第5章
第6章
第7章

1 次の英文を日本語にしましょう。

(1) He went to America to study English.

(   )

(2) We came to the park to watch a baseball game.

(   )

(3) Why do you study? － To become a teacher.

(   )

2 次の日本文に合うように，[   ]内の単語を並べかえましょう。

(1) 私はエレンに会うためにここに来ました。

［see / came / to / I / Ellen / here / .］

_____

(2) 彼は外国へ行くために英語を学んでいます。

［go / English / he / learning / abroad / is / to / .］

_____

「〜するために」という部分を不定詞で表すよ。

3 次の日本文を英語にしましょう。

私はテレビを見るために早く帰宅しました。

_____

左ページの答 ①不定詞 ②目的

13 〜して，〜すると

I am glad to find my cat. 不定詞の副詞的用法

まず ココ！ 原因を表す不定詞って何？

➡️ 〈to＋動詞の原形〉が，「うれしい」，「悲しい」といった感情を表す<u>形容詞</u>を後ろから修飾して「〜して」と原因や理由を表すことができます。

つぎ ココ！ 原因を表す不定詞を使った文の作り方

形容詞：主語を説明する語

I am glad.
うれしい　　（私はうれしいです。）

この英文に〈to＋動詞の原形〉をつけて，glad の原因を表すことができるよ

I am glad to find my cat .
　　　　　　原因
　　　　　（私はネコが見つかってうれしいです。）

〈to ＋動詞の原形〉は glad，happy などの語といっしょに使って「〜して」という意味になるよ

猫を探しています

 まとめよう

〈to＋動詞の原形〉が「うれしい」，「悲しい」というような ［　　　　　　］ のあとにきて，感情の原因や理由を表します。

さらに ココ！ It is …＋to＋動詞の原形

➡️ It is …＋to＋動詞の原形で「〜することは…だ」という意味を表します。

形容詞
It is exciting to visit foreign countries .

（ 外国を訪れること はわくわくします。）

日本語にするときは to＋動詞の原形を主語にして訳すよ！

中1の復習

第1章

第2章

第3章

第4章

第5章

第6章

第7章

1 次の日本文にあうように（　　）の中に英語を入れましょう。

(1) 私はその知らせを聞いて驚きました。

I was (　　　　　　) (　　　　　　) (　　　　　　) the news.

┗→ 驚いた：surprised

(2) 私はあなたに会えてうれしいです。

I'm (　　　　　) (　　　　　) (　　　　　) you.

(3) 彼はその話を聞いて悲しくなりました。

He became (　　　　　) (　　　　　) (　　　　　) to the story.

2 次の日本文に合うように＿＿＿線部に英語を入れましょう。

不定詞の前には感情を
表す形容詞がくるよ。

(1) 彼女は彼女の友だちに会えてうれしかったです。

She ＿＿＿＿＿＿＿＿＿＿＿＿＿＿＿＿＿＿＿＿ .

(2) 彼はこの本を読んで驚くでしょう。

He ＿＿＿＿＿＿＿＿＿＿＿＿＿＿＿＿＿＿＿＿ .

(3) 彼らはそのことを知って悲しみました。

They ＿＿＿＿＿＿＿＿＿＿＿＿＿＿＿＿＿ that.

(4) 私はペンをなくしてしまってとても残念です。

I'm ＿＿＿＿＿＿＿＿＿＿＿＿＿＿＿＿＿＿＿＿ .

～をなくす：lose ～　　残念な：sorry

もう一歩

感情を表す形容詞

感情の原因を表す不定詞の副詞的用法でよく使われる形容詞があるよ。

surprised 驚いた　　　　　　**happy, glad** うれしい

excited わくわくした　　　　**sorry** 残念で

左 ペ ー ジ の 答 形容詞

14 〜するための，すべき

I have some people to call.

まず ココ！ 「〜するための」，「〜すべき」

➡ すぐ前の名詞や代名詞を説明する不定詞〈to＋動詞の原形〉を 形容詞的用法 といいます。

➡ 形容詞的用法は「〜するための」，「〜すべき」などの意味を表します。

つぎ ココ！ 「〜するための」，「〜すべき」の文の作り方

文にすると

some people [to call]
名詞（人）　電話をかけるための

〈to＋動詞の原形〉は必ず名詞の後ろにくるよ！
〈名詞＋to＋動詞の原形〉でひとつの
まとまりになっているんだね

I have some people [to call].
　　　　　　　　　前の名詞を
　　　　　　　　　説明する

（私には電話をかけるべき何人かの人がいます。）

まとめよう 不定詞の形容詞的用法は，後ろから ＿＿＿＿ や代名詞を説明して，「〜するための」，「〜すべき」などの意味を表します。

さらに ココ！ 〈something to＋動詞の原形〉

➡ 不定詞は，代名詞 something を後ろから説明して，「何か〜すべきもの」という意味があります。

何か　　　　飲むための
I want something to drink.
　　　　　前の代名詞を
　　　　　修飾する

〈something to＋動詞の原形〉で
ひとつの意味のかたまりになっているよ！

状況によって自然な
日本語にしよう！

（私は何か飲みもの（＝飲むための何か）がほしいです。）

46

基本問題

解答⇒別冊p.6
答え合わせが終わったら，音声を聞きましょう。

中1の復習 / 第1章 / 第2章 / 第3章 / 第4章 / 第5章 / 第6章 / 第7章

1 次の英文を日本語にしましょう。

(1) I have a letter to show you.

（　　　　　　　　　　　　　　　　　　）

(2) I have a lot of homework to do.

（　　　　　　　　　　　　　　　　　　）

(3) I want something to drink now.

（　　　　　　　　　　　　　　　　　　）

2 次の日本文に合うように，[　　]内の単語を並べかえましょう。

(1) あなたは読むべき本を持っていますか。

[any / you / read / do / books / to / have / ?]

_____

(2) 彼は何か食べものをほしがっています。

[to / wants / something / he / eat / .]

_____

〈something＋不定詞〉
という語順に注意
しよう。

3 次の日本文を英語にしましょう。

私には今日するべきことがあります。

_____

左ページの答 名詞

47

15 ～すること

My brother likes to run. 不定詞の名詞的用法

まず ココ！ 「～すること」

➡ 「～すること」という意味を表す〈to＋動詞の原形〉を**不定詞の名詞的用法**といいます。

➡ 名詞的用法の不定詞は文の主語（～は）や一般動詞の目的語（～を），be動詞のあとにきて，主語を説明する補語になることができます。

つぎ ココ！ 「～すること（～を）」の文の作り方

名詞

My brother likes cats .
私の兄は　　好む　　ネコを(目的語)

↓

目的語

My brother likes to run.
私の兄は　　好む　　走ることを

「走ることを好む」→「走るのが好きである」

というように日本語らしく訳してみよう！

不定詞が
名詞と同じ
はたらきを
しているよ

まとめよう　〈to＋動詞の原形〉は動詞の直後に置くと動詞の　　　　　　　になり，「～することを…する」という意味になります。

さらに ココ！ 「～したい」の文

➡ want（ほしい）のあとに〈to＋動詞の原形〉を置くと，「～したい」という意味になります。

目的語

My mother wants a computer. （私の母は，コンピュータがほしいです。）

↓　└ want の目的語「買うこと」を望む→「買いたい」

My mother wants to buy a computer.

（私の母は，コンピュータを買いたいです。）

48

基本問題

解答⇒別冊p.6
答え合わせが終わったら，音声を聞きましょう。

1 次の英文を日本語にしましょう。

(1) I want to help you.

(　　　　　　　　　　　　　　　　　　　　　　　　　)

(2) To speak English is not easy for me.

(　　　　　　　　　　　　　　　　　　　　　　　　　)

(3) My dream is to be a teacher.

(　　　　　　　　　　　　　　　　　　　　　　　　　)

2 次の日本文に合うように，[　　]内の単語を並べかえましょう。

(1) 私は放課後あなたに会いたいです。

[see / want / I / you / school / to / after / .]

_____

(2) 早く起きることはあなたにとってよいです。

[for / to / up / is / early / get / you / good / .]

_____

3 次の日本文を英語にしましょう。

彼女は友だちと話すのが好きです。

_____

> **もう一歩**
>
> ### 〈to＋動詞の原形〉が目的語としてはたらく動詞
>
> **decide to do**「～することを決める」
>
> **start[begin] to do**「～することを始める」→「～し始める」
>
> **like[love] to do**「～することが(大)好きである」→「～するのが(大)好きである」

左ページの答　目的語

16 ～するために，～するための，～すること

I went to the sea to fish. 不定詞の3用法

まず ココ！ 「～するために」，「～するための」，「～すること」

→ 〈to＋動詞の原形〉を**不定詞**といいます。

→ 不定詞には動詞を説明する**副詞的用法**，名詞や something などの代名詞を説明する**形容詞的用法**，名詞と同じはたらきをする**名詞的用法**があります。

→ 副詞的用法は「**～するために**」，形容詞的用法は「**～するための**」，名詞的用法は「**～すること**」の意味があります。

つぎ ココ！ 「～するために」，「～するための」，「～すること」の文

副詞的用法

I went to the sea **to fish**.

前の動詞を説明する

（私はつりをするために海に行きました。）

目的

形容詞的用法　　何か　　　食べるための

I want something **to eat**.

前の代名詞を説明する

（私は何か食べるもの（＝食べるための何か）が欲しいです。）

名詞的用法

I want **to be** a doctor.

（私は医者になることを望んでいます（なりたいです）。）

まとめよう✐ 〈to＋動詞の原形〉には，①［　　　　　］用法（～するために），②［　　　　　］用法（～するための），③［　　　　　］用法（～すること）の3つの用法があります。

さらに ココ！ Why ～？に不定詞で答える

→ Why ～？（なぜ～ですか。）に対する答え方として，目的（～するために）を表す副詞的用法の不定詞があります。

Why do you study English?
（あなたはなぜ英語を勉強するのですか。）

To study abroad.
（留学するためです。）

50

基本問題

1 次の英文を日本語にしましょう。

(1) I have something to tell you.

(　　　　　　　　　　　　　　　　　　　　　　　)

(2) He came to Japan to see Mt. Fuji.

(　　　　　　　　　　　　　　　　　　　　　　　)

(3) I want to go out because it is fine.

(　　　　　　　　　　　　　　　　　　　　　　　)

2 次の英文の下線部と同じ用法のものをあとから選び，記号で答えましょう。

(1) I like to read books.   (2) I study to be a doctor.

(3) I want something to eat.   (4) He came to my house.

(1)_____ (2)_____ (3)_____ (4)_____

ア To swim is fun.   イ I have a book to read.

ウ Let's go to the park.   エ I came here to meet you.

3 次の日本文を英語にしましょう。

(1) これはあなたにあげるための本です。

_____
あげる：give

(2) 私は花を買うために店に行きました。

_____

目標得点：70点

解答⇒別冊p.7

/ 100

1 次の英文を日本語にしましょう。（6点×4＝24点）

(1) She went to school to see her teacher.

( )

(2) I want something to eat.

( )

(3) I'm happy to study in America.

( )

(4) To study hard every day is good for you.

( )

2 次の日本文に合うように，[ ]内の語句を並べかえましょう。（7点×3＝21点）

(1) 私は友だちと話すのが好きです。

[like / with / my / talk / friends / to / I / .]

_____

(2) 私にはやるべきことがたくさんあります。

[have / things / to / do / lot / I / of / a / .]

_____

(3) 私の夢は英語で本を書くことです。

[dream / to / in English / books / my / write / is / .]

_____

得点UP アドバイス
- 不定詞の３つの用法の意味を理解しておこう。
- 不定詞が動詞の目的語になる名詞的用法，前の名詞を説明する形容詞的用法，動詞を説明する副詞的用法というようにそれぞれの特徴をつかんでおこう。

3 次の日本文に合うように（　）に英語を入れましょう。(7点×4＝28点)

(1) ケンの趣味はギターをひくことです。

Ken's hobby is （　　　　　）（　　　　　　） the guitar.

(2) 彼女は先生になるために英語を勉強します。

She studies English （　　　　　）（　　　　　　） a teacher.

(3) 私にはするべき宿題がたくさんあります。

I have a lot of homework （　　　　　）（　　　　　　）.

(4) 生徒たちはそのニュースを聞いて驚きました。

The students were （　　　　　）（　　　　　　） hear the news.

4 次の日本文を英語にしましょう。(9点×3＝27点)

(1) 動物たちを見るのはとてもおもしろいです。（８語で）

_____

(2) 私は何か飲みものがほしいです。（５語で）

_____

(3) 彼らはその試合を見てわくわくしました。（７語で）

_____

試合：game

答え合わせが終わったら，音声を聞きましょう。

これで　レベルアップ

形容詞的用法に出てきた something は否定文や疑問文ではそのまま使えるの？

疑問文や否定文では anything になるんだよ。例えば，They didn't have anything to eat.（彼らは何も食べるものがなかった。）という意味を表すよ。

17 〜すること ①

まず ココ! 「〜すること」

➡️ 動詞の後ろにingがつき，名詞と同じはたらきをするものを**動名詞**といいます。

➡️ 動名詞には「**〜すること**」という意味があります。

つぎ ココ! 「〜すること」の文の作り方

[Singing] songs is my hobby.
　主語（〜は）

（歌を歌うことは私の趣味です。）

動名詞が主語になる場合は，3人称・単数あつかい。
songs が複数だからといって are にしないように注意!

I like [singing] songs.
　　　目的語（〜を）

（私は歌を歌うことが好きです。）

My hobby is [singing] songs.
　　　　　　補語

（私の趣味は歌を歌うことです。）

まとめよう 動名詞は名詞の役割をするので，「〜は」という意味の ①[　　　]，「〜を」という意味の ②[　　　]，be 動詞のあとにもってくる補語になります。

さらに ココ! 動名詞と不定詞の名詞的用法

➡️ 動名詞は，不定詞〈to＋動詞の原形〉の名詞的用法（〜すること）に置きかえることができます。

To sing songs is my hobby.　　　（歌を歌うことは私の趣味です。）
主語

I like to sing songs.　　　　　　（私は歌を歌うことが好きです。）
　　　目的語

My hobby is to sing songs.　　　（私の趣味は歌を歌うことです。）
　　　　　　　補語

 基 本 問 題

解答⇒別冊p.7
答え合わせが終わったら，音声を聞きましょう。

1 次の英文の下線部を動名詞に書きかえましょう。

(1) I like to talk with you.

_____

(2) To get up early is good for you.

_____

(3) My hobby is to play tennis with my friends.

_____

2 次の英文を日本語にしましょう。

(1) He started talking about himself.

(　　　　　　　　　　　　　　　　　　　　　　　　)

(2) Running every day is a lot of fun.

(　　　　　　　　　　　　　　　　)

動名詞の部分を
「～すること」と
訳そう。

(3) My dream is visiting your city in America.

(　　　　　　　　　　　　　　　　　　　　　　　　)

 もう一歩

動名詞と進行形の見分け方

　どちらも「動詞の～ing形」で表されるけれど，はたらきがちがうんだよ。進行形はbe動詞と～ing形がくっついて1つの動詞の意味を表しているよ。だから，be動詞をとって動詞を現在形に戻しても文として成り立つんだね。だけど，動名詞は名詞と同じはたらきをするので，be動詞をとったら文が成り立たないよ。

　　進行形
He [is playing] baseball. → He plays baseball.（彼は野球をします。）

　　動名詞
My hobby is [playing] baseball. → My hobby plays baseball.

　　　　　　　　　　　　　　　　　　　　　　文が成り立たない

18 ～すること ②

Emi enjoyed listening to Takeshi's performance. 動名詞 ②

まず ココ！ 動詞の目的語になる動名詞

→ 「～すること」の意味は，不定詞と動名詞のどちらでも表すことができたけど，enjoy, finish, stop などの動詞のあとに「～すること」がくる場合，動名詞しか使うことができません。

つぎ ココ！ 動名詞としか結びつかない動詞

Emi enjoyed listening to Takeshi's performance.
～することを楽しむ→ して楽しむ
（エミはタケシの演奏を聞いて楽しみました。）

Takeshi finished playing the violin.
～することを終える→ ～し終える
（タケシはバイオリンを演奏し終えました。）

Kumi stopped talking with her friends.
～することをやめる
（クミは友だちとしゃべるのをやめました。）

まとめよう　動名詞しか目的語にとらない動詞には，① [   ]（～を楽しむ），
② [   ]（～を終える），③ [   ]（～をやめる）などがあります。

さらに ココ！ 不定詞〈to＋動詞の原形〉と動名詞の両方をとる動詞

→ 動名詞と不定詞の両方を目的語にとる動詞には，start, begin, like などがあります。

Akira likes looking at the stars. （アキラは星を見ることが好きです。）
　　　　　↕
　　　　to look

It began[started] raining. （雨が降り始めました。）
　　　　　↕
　　　　to rain

星を見るのが好きなんだ☆☆☆

基 本 問 題

解答⇒別冊p.8
答え合わせが終わったら，音声を聞きましょう。

1 次の日本文に合うように，（　　）内から正しいものを選びましょう。

(1) 私は音楽を聞いて楽しみます。

I enjoy (listen / to listen / listening) to music.

(2) 姉は宿題をし終えました。

My sister finished (do / to do / doing) her homework.

(3) 彼はテレビを見るのをやめました。

He stopped (watch / to watch / watching) TV.

2 次の英文の誤りを直して正しく書きかえましょう。

I want swimming in summer.

主語は it になるよ。

3 次の日本文を英語にしましょう。

そのとき雨がやみました。

もう一歩

stop は特別な動詞

「〜することをやめる」というときは，stop のあとに動名詞しか使えないよね。しかし，stop to do 〜という表現のしかたもあるんだ。この to do は不定詞の副詞的用法になるので，「〜するために立ち止まる」という意味になるよ。

Kumi stopped to talk with her friends.

（クミは友だちとしゃべるために立ち止まりました。）

左 ペ ー ジ の 答　① enjoy　② finish　③ stop

1 次の日本文に合うように，（　　）内から正しいものを選びましょう。

(8点×4＝32点)

(1) 私はあなたといっしょに歩くのが好きです。

I like (walk / walking / walked) with you.

(2) 私の仕事は父の車を洗うことです。

My work is (wash / washed / washing) my father's car.

(3) 私たちはテレビを見て楽しみました。

We enjoyed (to watch / watching / watch) TV.

(4) 彼は話すのをやめました。

He stopped (to talk / and talked / talking).

2 次の英文を日本語にしましょう。(9点×3＝27点)

(1) My mother finished reading a book.

(　　　　　　　　　　　　　　　　　　　　)

(2) My sister started cleaning the room.

(　　　　　　　　　　　　　　　　　　　　)

(3) Let's sit and enjoy watching the game.

(　　　　　　　　　　　　　　　　　　　　)

3 次の日本文に合うように，英文の誤りを直して正しく書きかえましょう。

(7点×2＝14点)

(1) 私たちは互いに話し合うのをやめました。

We stopped to talking with each other.

_____

(2) 切手を集めることはおもしろい。

Collects stamps is interesting.

_____

4 次の日本文に合うように，[　　]内の単語を並べかえましょう。(9点×3＝27点)

(1) 英語を上手に話すのは簡単ではありません。

[is / speaking / not / English / easy / well / .]

_____

(2) 彼の趣味は音楽を聞くことです。

[to / hobby / is / his / listening / music / .]

_____

(3) 彼はバスのほうに走り始めました。

[started / bus / he / the / running / to / .]

_____

答え合わせが終わったら，音声を聞きましょう。

これで レベルアップ

目的語が不定詞か動名詞かで意味が異なるものはほかにもあるの？

remember は remember to 動詞の原形で「（これから）〜することを忘れずにいる」，remember 〜 ing で「（過去に）〜したことを覚えている」という意味になるよ。

19 〜しなければならない ①

第4章

You must clean your room. (must)

まず ココ！ 「〜しなければならない」と命令文

➡ 「〜しなければならない」と義務をいうときは，〈must＋動詞の原形〉の形になります。

➡ 命令文は相手に「〜しなければならない（〜しなさい）」と指示する文になるので，〈You must 〜.〉の文と，命令文はほぼ同じ意味になります。

つぎ ココ！ 「〜しなければならない」と命令文の作り方

You must clean your room.
　　　　　動詞の原形
　　　　　主語が何であっても形は変わりません
（あなたは自分の部屋をそうじしなければなりません。）

⌐You must⌐ Clean your room.
　　　　　動詞の原形
　　　　　（あなたの部屋をそうじしなさい。）
└ You must をとる

そうじ
しなさい!!

まとめよう 〈You must 〜.〉の文と，命令文はほぼ同じ意味を表します。mustの直後と命令文の文頭にはどちらも [　　　　　　　　] がきます。

さらに ココ！ must を使った文の否定文

➡ 〈must not＋動詞の原形〉は「〜してはならない」と禁止の意味を表します。

　　　　　　　　　　　　短縮形は mustn't
Mr. Brown must not use his computer.
　　　　　　　　　　　　　動詞の原形
（ブラウン氏はコンピュータを使ってはいけません。）

ただいま電子機器の
ご利用はおひかえください

基 本 問 題　解答⇒別冊p.8
答え合わせが終わったら，音声を聞きましょう。

1 次の英文を日本語にしましょう。

(1) You must go home early.

（　　　　　　　　　　　　　　　　　　　　　　　　）

(2) She must help her mother at home.

（　　　　　　　　　　　　　　　　　　　　　　　　）

(3) We must not speak Japanese in this class.

（　　　　　　　　　　　　　　　　　　　　　　　　）

2 次の英文を must を使った文に書きかえましょう。

(1) We learn many English words.

_____

(2) Emi's brother studies math after dinner.

_____

3 次の日本文を英語にしましょう。

あなたはこの本をよく読まなければなりません。

_____

よく：well

 （もう一歩）

You must not ～. と否定の命令文

　you が主語の must not[mustn't]の文は，Don't ～.（否定の命令文）の形に書きかえることができるよ。

You must not use your computer.

＝Don't use your computer. （コンピュータを使ってはいけません。）

左 ペ ー ジ の 答　動詞の原形

まず ココ！ 「～しなければならない」

➡ 〈have[has] to＋動詞の原形〉は〈must＋動詞の原形〉と同じで「～しなければならない」という意味を表します。

つぎ ココ！ 〈have[has] to＋動詞の原形〉

――主語が何であっても形は変わりません

Jane must drink milk every day.
　　　　　動詞の原形

Jane has to drink milk every day.
　　　現在形　　動詞の原形
主語が3人称・単数
（ジェーンは毎日牛乳を飲まなければなりません。）

 haveは主語が3人称・単数で現在形のときは，hasになるよ。

 主語によって，〈have to＋動詞の原形〉または〈　　　　　to＋動詞の原形〉になります。

さらに ココ！ 〈don't[doesn't] have to＋動詞の原形〉

➡ 〈don't[doesn't] have to＋動詞の原形〉は「～する必要がない」という意味を表します。

短縮形はdoesn't

Andrew does not have to get up early.
　　　　　　　　　　　　　　　　　動詞の原形
主語が3人称単数　　主語のあとにdo[does] notを置く
（アンドリューは早く起きる必要がありません。）

基本問題

解答⇒別冊p.9
答え合わせが終わったら，音声を聞きましょう。

中1の復習

第1章

第2章

第3章

第4章

第5章

第6章

第7章

1 次の英文を have to を使った文に書きかえましょう。

(1) You must look at this.

_____

(2) She must study English very hard.

_____

2 次の英文を日本語にしましょう。

don't have to ～は
「～する必要がない」
という意味だよ。

(1) We have to write our names here.

(　　　　　　　　　　　　　　　　　　　　　　)

(2) You don't have to read this book.

(　　　　　　　　　　　　　　　　　　　　　　)

3 次の日本文に合うように，[　　]内の単語を並べかえましょう。

(1) 私は走らなければなりません。 [run / to / I / have / .]

_____

(2) あなたは今日宿題をする必要はありません。

[to / your / don't / today / homework / have / you / do / .]

_____

もう一歩

must not と don't have to

　must と have to は「～しなければならない」と同じ意味になるけれど，否定形になると意味がちがってくるので，気をつけてね！
don't have to は「～する必要がない」，must not は「～してはいけない」という意味になるよ。

～すべきだ，したほうがよい

We should read a newspaper every day. should

まず ココ！〉「～すべきだ」

➡ 「～すべきだ」と義務をいうときは，〈should＋動詞の原形〉の形になります。

つぎ ココ！〉「～すべきだ」の文の作り方

肯定文 **We should read a newspaper every day.**
┌──主語が何であっても形は変わりません
　　　　　動詞の原形

（私たちは毎日，新聞を読むべきです。）

否定文 **We should not read comic books every day.**
┌──短縮形は shouldn't
　　　　　　　　　　動詞の原形

（私たちは毎日マンガの本を読むべきではありません。）

疑問文 **Should we read a newspaper every day?**
　　　└──疑問文は should を前に出します

（私たちは毎日，新聞を読むべきですか。）

まとめ
よう 「～すべきだ」は〈[　　　　　　]＋動詞の原形〉で表します。

さらに ココ！〉「～したほうがよい」の文の作り方

➡ 「～したほうがよい」と助言や提案をするときも，〈should＋動詞の原形〉で表すことができます。

You should see a doctor. （あなたは医者へ行ったほうがよいです。）
　　　　　動詞の原形

You must see a doctor. （あなたは医者へ行かなければなりません。）

must を使うと，
should より強い
義務感を表すよ。

解答⇒別冊p.9
答え合わせが終わったら，音声を聞きましょう。

1 次の日本文に合うように（　　）に英語を入れましょう。

(1) あなたはすぐに家に帰ったほうがよいです。

（　　　　）（　　　　　　　　）go home soon.

(2) 私たちはその川で泳ぐべきではありません。

We（　　　　）not（　　　　　　）in the river.

(3) あなたは傘を持っていったほうがよいです。

（　　　　）（　　　　　　　　）take your umbrella with you.

(4) 私たちは試合の前にはたくさん練習すべきです。

（　　　　）（　　　　　　　　）practice a lot before the games.

2 次の英文を，（　　）内の指示にしたがって書きかえましょう。

(1) He practices tennis hard. （should を用いた文に）

_____

(2) We read books every day. （should を用いた疑問文に）

_____

3 次の英文を日本語にしましょう。

(1) You should take a rest.
　　　　　　　　　　休む

（　　　　　　　　　　　　　　　　　　　　　　）

(2) We should clean the room after we use it.
　　　　　　　　　　　　　　～した後に

（　　　　　　　　　　　　　　　　　　　　　　）

(3) We should not speak Japanese during English classes.
　　　　　　　　　　　　　　　　　英語の授業中に

（　　　　　　　　　　　　　　　　　　　　　　）

左 ペ ー ジ の 答　should

中1の復習
第1章
第2章
第3章
第4章
第5章
第6章
第7章

22 can の過去形

I couldn't play tennis well yesterday. （could）

まず ココ！　can の過去形

➡ can の過去形は could で表します。

つぎ ココ！　can の過去形の文の作り方

現在
　　　　┌──動詞の原形
I can play tennis well.
　└～することができる
（私は上手にテニスをすることができます。）

過去
　　　　　　　┌──動詞の原形
I couldn't play tennis well yesterday.
　└──could not の短縮形
（私は昨日上手にテニスをすることができませんでした。）

まとめよう📝
can の過去形は ① [　　　] を使います。否定文は could のあとに ② [　　　] を置きます。短縮形は ③ [　　　] になります。

さらに ココ！　Could you ～?

➡ can の過去形の could を用いて，Could you ～? とすると，「～してくださいませんか」という，ていねいな依頼の意味を表します。

Could you call me tomorrow? （明日私に電話をかけてくださいませんか。）
　　　　　　└──動詞の原形

依頼の意味を表すときは，can の過去としての意味（～できた）ではないので，tomorrow が使えるよ！

承諾する──➤ Sure. （いいですよ。）／ Of course. （もちろん。）
承諾しない─➤ I'm sorry, I can't. （ごめんなさい，できません。）

基本問題

解答⇒別冊p.9
答え合わせが終わったら，音声を聞きましょう。

1 次の英文を日本語にしましょう。

(1) I couldn't sleep well last night.

(　　　　　　　　　　　　　　　　　　　　　　　　　)

(2) Could you help me?

(　　　　　　　　　　　　　　　　　　　　　　　　　)

(3) Could you open the window?

(　　　　　　　　　　　　　　　　　　　　　　　　　)

2 次の日本文に合うように，[　　]内の語句を並べかえましょう。

(1) 彼女はその電車に乗ることができませんでした。

[couldn't / on / the train / she / get / .]

_____

(2) ここに来ていただけませんか。

[here / could / come / you / ?]

_____

3 次の日本文を英語にしましょう。

(1) 彼は去年の夏泳ぐことができませんでした。

_____

(2) これらの本を運んでもらえませんか。

運ぶ：carry

_____

もう一歩

Could you ～? と Can you ～? はどちらがていねい?

Can you ～，Please ～. でも「～していただけませんか」という意味もあるよ。
でも Could you ～? としたほうがよりていねいなんだ。

左ページの答 ① could ② not ③ couldn't

23 〜してもいいですか

May I read this comic book? （May I 〜?）

まず ココ！ 「〜してもいいですか」

➡ may には，「〜してもいいです」という許可と，「〜かもしれません」という推量の２つの意味があります。

➡ 「May I 〜?」は，「(私が)〜してもいいですか」というように，許可を求める表現で使われます。

つぎ ココ！ 「〜してもいいですか」 の文の作り方

許可

You may read this comic book.
主語 → 動詞の原形
（あなたはこのマンガ本を読んでもいいです。）

May I read this comic book?
動詞の原形
（このマンガ本を読んでもいいですか。）

[答え方]
Yes, you may. （はい，いいです。）
No, you may not. （いいえ，いけません。）

読んでいい？

COMIC

 まとめよう May I 〜? は，「   」という許可を求める表現で使われます。

さらに ココ！ May I 〜?(許可)に対する答え方

➡ May I 〜?と許可を求められた場合，答え方には，Sure. なども使われます。

May I watch TV? （テレビを見てもいいですか。）

同意するとき→ **Sure.** （いいですよ。）/ **Yes, please.** （どうぞ。）/
Yes, of course. （はい，もちろん。）など。

ことわるとき→ **Sorry, you can't.** （すみませんが，できません。）など。

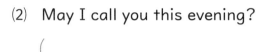

解答⇒別冊p.9
答え合わせが終わったら，音声を聞きましょう。

中1の復習
第1章
第2章
第3章
第4章
第5章
第6章
第7章

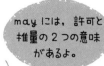

may には，許可と推量の2つの意味があるよ。

1 次の英文を日本語にしましょう。

(1) You may go home now.
　　　　　　　　　もう

（　　　　　　　　　　　　　　　　　　　　　　　　　）

(2) May I call you this evening?

（　　　　　　　　　　　　　　　　　　　　　　　　　）

(3) It may rain this afternoon.

（　　　　　　　　　　　　　　　　　　　　　　　　　）

2 次の英文を，（　　）内の指示にしたがって書きかえましょう。

(1) You eat this cake. （may を用いた文に）

_____

(2) I use this room. （may を用いた疑問文に）

_____

3 次の英文に対して，「すみませんが，できません」とことわってみましょう。

May I use this computer?

_____

もう一歩

May I 〜？ と Can I 〜？ とのちがいは？

　May I 〜？ とした場合，目上の人に使うようなていねいな感じになるよ。

Can I 〜？ とすると，友だちとか，気軽に話せる人に使えるよ。

左 ペ ー ジ の 答 〜してもいいですか

1 次の英文を日本語にしましょう。(7点×4＝28点)

(1) You must read this book.

(　　　　　　　　　　　　　　　　　　　　　　　　　)

(2) You don't have to answer the question.

(　　　　　　　　　　　　　　　　　　　　　　　　　)

(3) Could you open the door for me?

(　　　　　　　　　　　　　　　　　　　　　　　　　)

(4) May I go to your house today?

(　　　　　　　　　　　　　　　　　　　　　　　　　)

2 次の英文を，（　　　）内の指示にしたがって書きかえましょう。(8点×4＝32点)

(1) We must study English hard. （have to を用いて）

_____

(2) You must not come to my room. （同じ意味の命令文に）

_____

(3) I cannot help my mother. （過去形に）

_____

(4) I have to close all the windows at night. （主語を he に）

_____

○ have[has] to と must はほぼ同じ意味を表すよ。「～しなければならなかった」と過去形にするときは had to になるよ。

○ You must not[mustn't]の文と Don't ～. の文（否定の命令文）は，ほぼ同じ意味になるよ。

中1の復習

第1章

第2章

第3章

第4章

第5章

第6章

第7章

3 次の日本文に合うように，[　]内の単語を並べかえましょう。(8点×2＝16点)

(1) あなたはお父さんを手伝うべきです。

[your / you / help / should / father / .]

_____

(2) 私は昨年京都を訪問しなければなりませんでした。

[visit / year / I / Kyoto / to / last / had / .]

_____

4 次の日本文を英語にしましょう。(8点×3＝24点)

(1) この辞書を使ってもいいですか。

_____

(2) 私は昨日彼に会うことができませんでした。

_____

(3) 今日私たちは学校へ早く行くべきです。

_____

答え合わせが終わったら，音声を聞きましょう。

これで **レベルアップ**

must の疑問文（～しなければなりませんか）の答え方は？

Yes や No を使って答えるよ。だけど，「いいえ」と答えるときは，No, you mustn't. ではなく，No, you don't have to.（いいえ，しなくてもよいです）となるので気をつけて！

…より〜

Nicole is taller than Tom. 比較級

まず ココ！ 「…より〜」

➡ 2つのもの・人を比べるときに使う表現で，**形容詞や副詞の後ろに er** をつけた形を比較級とよびます。

➡ 〈〜er（形容詞・副詞の比較級）than A〉で，「A より〜」を表します。

つぎ ココ！ 「…より〜」の文の作り方

形容詞：「もの」や「人」がどんなようすかを説明する語

Nicole	is	taller	than	Tom.
主語		比較級「よりも」		A
ニコールは	です	背が高い	トムよりも	

副詞：動作や「もの」や「人」のようすの程度を表す語

Nicole	runs	faster	than	Tom.
主語		比較級「よりも」		A
ニコールは	走る	はやく	トムよりも	

まとめよう 形容詞や副詞の後ろに ①[ ] をつけると比較級になります。比較して「A よりも」は，〈 ②[ ] A〉として，形容詞や副詞の比較級の後ろに置きます。

さらに ココ！ 比較級の作り方

➡ 比較級の作り方には次の4通りがあります。

er のつけ方	原級	比較級
語尾にそのまま er をつける	small	smaller
語尾が e で終わる語には r だけをつける	nice	nicer
y を i にかえて er をつける	busy	busier
子音字を重ねて er をつける	big	bigger

原級とはもとの形のことだよ

子音字とは母音字(a, i, u, e, o)以外の字のことだよ

中1の復習
第1章
第2章
第3章
第4章
第5章
第6章
第7章

基本問題

解答⇒別冊p.10
答え合わせが終わったら，音声を聞きましょう。

1 次の形容詞の比較級を書きましょう。

(1) small – ( )   (2) easy – ( )

(3) hot – ( )   (4) large – ( )

2 次の日本文に合うように（ ）に英語を入れましょう。

(1) このペンはあのペンより長いです。

This pen is ( ) ( ) that pen.
┗━ ～よりも

(2) タケシはトモミより早く帰宅しました。

Takeshi came home ( ) ( ) Tomomi.

(3) 彼の家は私の家よりずっと大きいです。

His house is much ( ) ( ) mine.
                ずっと

> mine は my house
> を表しているよ。

3 次の日本文に合うように，[ ]内の単語を並べかえましょう。

(1) 彼は彼の父より背が高いです。

[his / than / he / father / taller / is / .]

_____

(2) あなたは私の妹よりはやく走ることができます。

[sister / faster / you / than / can / my / run / .]

_____

25 最も[いちばん]〜だ

Nancy is the tallest of the three. （最上級）

まず ココ！ 「最も[いちばん]〜だ」

→ 3つ以上の人やものを比べるときに使う表現で，形容詞や副詞の後ろに est をつけた形を最上級とよびます。

→ 〈the＋最上級＋of[in]...〉で「…の中でいちばん〜」という意味を表します。

つぎ ココ！ 「最も[いちばん]〜だ」の文の作り方

形容詞の最上級の前には，
the をつけるよ！
↓

Nancy is the tallest of the three.
　　　　　　最上級

ナンシーは　です　　いちばん背が高い　3人の中で

副詞の最上級の the は，
省略する場合もあるよ！
↓

Daniel runs the fastest in his class.
　　　　　　　　最上級

ダニエルは　走る　　いちばんはやく　彼のクラスの中で

 まとめよう 形容詞や副詞の語尾に ① [　　　] をつけると最上級になります。「…の中でいちばん〜」は，〈the＋最上級＋② [　　　] [in]...〉の形になります。副詞の最上級の the は省略する場合もあります。

さらに ココ！ 最上級の作り方

→ 最上級の作り方には次の4通りがあります。

est のつけ方	原級	比較級
語尾にそのまま est をつける	small	smallest
語尾が e で終わる語には st だけをつける	large	largest
y を i にかえて est をつける	happy	happiest
子音字を重ねて est をつける	big	biggest

原級とはもとの形のことだよ

子音字とは
母音字(a, i, u, e, o)
以外の字のことだよ

1 次の形容詞，副詞の最上級を書きましょう。

(1) fast － (   )   (2) easy － (   )

(3) hot － (   )   (4) large － (   )

2 次の日本文に合うように（   ）に英語を入れましょう。

(1) このペンはすべての中でいちばん長いです。

This pen is (   ) (   ) (   ) all.

(2) 彼は私のクラスの中でいちばんはやく走ります。

He runs (   ) (   ) (   ) my class.

(3) トムは男の子たちの中でいちばん背が高いです。

Tom is (   ) (   ) (   ) the boys.

(4) あの家はこの町の中でいちばん大きいです。

That house is (   ) (   ) (   ) this town.

〈the＋最上級＋of か in〉という形になるよ。

3 次の日本文に合うように，[   ]内の単語を並べかえましょう。

(1) これがいちばん高い木です。

[tree / is / the / tallest / this / .]

_____

(2) これが全部の中でいちばんやさしい問題です。

[of / is / easiest / this / the / question / all / .]
　　　　　　　　　　　　　　　　問題

_____

26 more ～, most ～

Who is the most beautiful in this world? 比較級・最上級

まず ココ！ more, most って何？

➡ つづりの長い形容詞・副詞の比較級・最上級は, 後ろに er / est をつけずに, 前に more, most をつけます。形容詞・副詞は原級（もとの形）のままです。

つぎ ココ！ more, most を使った文の作り方

だれが[主語]　　　　　　　　　　　　　「…の中で」
Who is the most beautiful in this world?
だれが～ですか　　↑　いちばん美しい　　　　　　　この世で
　　　　　　形容詞の最上級

　　　　　　　　　　　　　　　　「～よりも」
Snow White is more beautiful than
白雪姫は　　　　↑　もっと美しい
　　　　　　形容詞の比較級

the Queen.
女王

まとめ
よう　つづりの長い形容詞・副詞のときは, 〈 ①[　　　　　] +形容詞・副詞+ than A〉で「Aよりも～」の意味を表します。「…の中でいちばん～」の意味を表すときは〈the ②[　　　　] +形容詞・副詞+ of[in]...〉の形で表します。

さらに ココ！ 比較級と最上級の不規則変化

➡ 形容詞 good と, 副詞 well の比較級と最上級は, better・best になります。

形容詞　good(よい)→ better(もっとよい)→ best(最もよい)
This is the best way of all. （これはすべての中でいちばんよい方法です。）

副詞　well(上手に)→ better(もっと上手に)→ best(最も上手に)
My father cooks better than my mother.
　　　　　　　　　　　　（私の父は母よりも上手に料理をします。）

基本問題

解答⇒別冊p.11
答え合わせが終わったら，音声を聞きましょう。

第1章

第2章

第3章

第4章

第5章

第6章

第7章

1 次の形容詞の比較級と最上級を書きましょう。

(1) important 　㊌_____　㊰_____

(2) well 　㊌_____　㊰_____

(3) good 　㊌_____　㊰_____

2 次の日本文に合うように（　　）に英語を入れましょう。

(1) この絵はあの絵より美しいです。

This picture is (　　　　　) (　　　　　) than that one.

(2) この質問はすべての中でいちばん難しいです。

This question is (　　　　) (　　　　) (　　　　) of all.

(3) 私は犬よりネコのほうが好きです。

I like cats (　　　　) (　　　　) dogs.

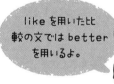

like を用いた比較の文では better を用いるよ。

3 次の日本文に合うように，[　　]内の単語を並べかえましょう。

(1) エミはケンよりも上手に英語を話します。

[better / Emi / English / than / speaks / Ken / .]

_____

(2) 東京は日本でいちばん有名な都市です。

[is / Japan / Tokyo / famous / in / most / the / city / .]

_____

左 ペ ー ジ の 答 ① more ② most

27 …と同じぐらい〜，…ほど〜ない

Ken is as tall as his big brother. 〔as 〜 as ..., not as 〜 as ...〕

まず ココ！ ▷ 「as 〜 as ...」，「not as 〜 as ...」

- ➡ 2つのものや人を比べて同じ程度であることを表す「…と同じくらい〜」は，〈as＋形容詞・副詞の原級（もとの形）＋as ...〉の形になります。
- ➡ 「…ほど〜ない」は，〈not as＋形容詞・副詞の原級＋as ...〉の形になります。

つぎ ココ！ ▷ 「as＋形容詞・副詞＋as ...」の文の作り方

Ken is as | tall | as his big brother.
兄と同じくらい背が高い
形容詞 tall の原級（比較級や最上級になっていない
もとの形）

Ken can play soccer
as | well | as his big brother.
兄と同じくらい上手に
副詞 well の原級

ケン、ずいぶん
上手く
なったなー。

まとめ
よう ✎ 「…と ［　　　　　　　　］〜」は形容詞・副詞の原級をはさんで，as 〜 as ... とします。

さらに ココ！ ▷ 「not as＋形容詞・副詞＋as ...」の文の作り方

- ➡ 〈not as＋形容詞・副詞の原級＋as ...〉は，「…ほど〜でない」，「…ほど〜しない」という意味を表します。

副詞 fast の原級

Shinkansen cannot[can't] run as fast as maglev trains.
新幹線　　　　　　　走れません　　　　　　　　　リニアモーターカーほどはやく
助動詞 can，will などの後ろに not，
be 動詞の後ろに not，一般動詞なら do，does，did の後ろに not を置くよ

基本問題

解答⇒別冊p.11
答え合わせが終わったら，音声を聞きましょう。

1 次の英文を日本語にしましょう。

(1) This pen is as long as that pen.

(　　　　　　　　　　　　　　　　　　　　　)

(2) Tom can sing songs as well as Ellen.

(　　　　　　　　　　　　　　　　　　　　　)

(3) My father is not as old as my teacher.

(　　　　　　　　　　　　　　　　　　　　　)

〈as 〜 as ...〉の否定文は「...ほど〜でない」という意味を表すよ。

2 次の日本文に合うように(　　　)に英語を入れましょう。

(1) あなたはパウエルと同じくらいはやく泳げます。

You can swim (　　　　　) (　　　　　) (　　　　　) Powell.

(2) この本はあの本と同じくらいよいです。

This book is (　　　　　) (　　　　　) (　　　　　) that one.

(3) 私はエレンほど上手に英語を話せません。

I (　　　　　) speak English (　　　　　) (　　　　　) as Ellen.

3 次の日本文に合うように，[　　]内の単語を並べかえましょう。

この花はあの花と同じくらい美しいです。

[that / this / as / as / one / beautiful / flower / is / .]

_____

左ページの答 同じくらい

1 次の日本文に合うように，（　　）内から正しいものを選びましょう。

(7点×4＝28点)

(1) エリカはミキよりはやく泳げます。

Erika can swim (fast / faster / fastest) than Miki.

(2) 富士山は日本でいちばん高い山です。

Mt. Fuji is the highest mountain (of / on / in) Japan.

(3) 彼はみんなの中でいちばん上手に英語を話します。

He speaks English the (well / better / best) of all.

(4) あなたは黒色よりも白色のほうが好きですか。

Do you like white (good / better / best) than black?

2 次の日本文に合うように（　　）に英語を入れましょう。(8点×3＝24点)

(1) このネコはあのネコと同じくらい小さいです。

This cat is (　　　　) (　　　　) (　　　　) that one.

(2) あなたの花は私の花より美しいです。

Your flower is (　　　　) (　　　　) (　　　　) mine.

(3) 日本はオーストラリアほど大きくありません。

Japan is (　　　　) (　　　　) (　　　　) (　　　　)

Australia.

中1の復習

第1章

第2章

第3章

第4章

第5章

第6章

第7章

◎ better, best など不規則に変化する比較級・最上級や more, most をつける単語などに注意しよう。

◎ 形容詞の最上級には the をつけるのを忘れないで。範囲や場所を表す語句は文末に置くよ。

3 次の英文を日本語にしましょう。(7点×3＝21点)

(1) August is the hottest month in Japan.

( )

(2) My hair is longer than Rie's.

( )

(3) I can't sing this song as well as you.

( )

4 次の日本文に合うように、[ ]内の単語を並べかえましょう。(9点×3＝27点)

(1) メグはタクヤよりも多くの本を読みますか。

[more / does / books / Meg / Takuya / than / read / ?]

_____

(2) 彼はこの町でいちばん有名な生徒です。

[this / in / famous / he / student / most / is / town / the / .]

_____

(3) 私にとって英語は数学ほど難しくありません。

[me / not / math / for / as / is / difficult / as / English / .]

_____

答え合わせが終わったら、音声を聞きましょう。

これで レベルアップ

much や many の比較級や最上級を教えて。

much(量が多い)，many(数が多い)の比較級と最上級は，more, most になるよ。

〜される，〜された

This car is made in Italy.　受け身

まず ココ！　「〜される」，「〜された」

→ 「〜される，〜された」を表すときは，受け身形を使います。

→ 受け身とは，「動作を受けるもの」の立場にたって表現した文の形です。

つぎ ココ！　「〜される」，「〜された」の文の作り方

現在形

動作を受けるもの

They make this car in Italy.
作る

〈be動詞＋過去分詞〉

This car is made in Italy.
作られる

過去形

This car was made in Italy.
作られた

be動詞で，現在か過去かを表します

まとめよう

受け身の文は〈主語＋①[　　　　]＋②[　　　　　　]〉で表します。

③[　　　　]で，現在形と過去形の区別をします。

さらに ココ！　過去分詞の形

	原形	過去形	過去分詞
規則動詞	wash(洗う) use(使う)	washed used	washed used
不規則動詞	see(見る，会う) draw(かく)	saw drew	seen drawn

中1の復習

第1章

第2章

第3章

第4章

第5章

第6章

第7章

基本問題

解答⇒別冊p.12
答え合わせが終わったら，音声を聞きましょう。

1 次の動詞の過去分詞を書きましょう。

(1) study −(   )　　(2) write −(   )

(3) make −(   )　　(4) put −(   )

2 次の英文を日本語にしましょう。

(1) English is studied in many countries.

(   )

(2) This letter was written last night.

(   )

3 次の日本文に合うように（   ）に英語を入れましょう。

(1) 京都は古い都市として知られています。

Kyoto (   ) (   ) as an old city.

(2) コンピュータは私の部屋で使われました。

The computer (   ) (   ) in my room.

(3) この絵はアメリカでかかれました。

This picture (   ) (   ) in America.

be 動詞によって時制が決まるよ。

もう一歩

助動詞を使った受け身の文

受け身の文でも助動詞(can, must, will など)を使うことができるよ。〈助動詞＋be＋過去分詞〉の形になることに注意しよう。

Many stars can be seen here at night.（夜には多くの星がここで見られます。）

左 ページ の 答　①be 動詞　②過去分詞　③be 動詞

29 （…によって）～される

The classroom is cleaned by us. 受け身

まず ココ！ 「…によって～される」

→ 受け身の文でだれの行為かを表すときは, by ～（～によって）をつけ加えます。

つぎ ココ！ 「…によって～される」の文の作り方

We clean the classroom.
そうじする

受け身形

〈be 動詞＋過去分詞〉
The classroom is cleaned.
そうじされる

by は過去分詞のあとに置くよ

The classroom is cleaned by us.

by のあとが代名詞のときは,
目的格（～を[に]）がくるよ

 まとめ よう だれの行為なのかをはっきりいうときは, [　　　　] ～をつけ加えます。

さらに ココ！ by の省略

→ だれの行為なのかわからないときや, 特にいう必要がないときは,
by ～を省略することができます。

People speak Japanese in Japan.

受け身形 **Japanese is spoken by people in Japan.**

特にいう必要がない場合

（日本では日本語が話されています。）

Someone washes the bike. （だれかが自転車を洗います。）

受け身形 **The bike is washed by someone.** （自転車が洗われます。）

だれの行為かわからない場合

84

基本問題

解答⇒別冊p.12
答え合わせが終わったら，音声を聞きましょう。

1 次の英文を日本語にしましょう。

(1) This bag was made by my mother.

(　　　　　　　　　　　　　　　　　　　　　　　)

(2) English is spoken in many countries.

(　　　　　　　　　　　　　　　　　　　　　　　)

2 次の英文を受け身の文に書きかえましょう。

(1) He writes many letters every day.

＿＿＿＿＿＿＿＿＿＿＿＿＿＿＿＿＿＿＿＿＿＿＿

we, you, they
などの主語は省略
されるよ。

(2) They open this shop at ten in the morning.

＿＿＿＿＿＿＿＿＿＿＿＿＿＿＿＿＿＿＿＿＿＿＿

3 次の日本文に合うように，[　　]内の単語を並べかえましょう。

(1) 春には多くの花が見られます。

[seen / are / spring / flowers / in / many / .]

＿＿＿＿＿＿＿＿＿＿＿＿＿＿＿＿＿＿＿＿＿＿＿

(2) オーストラリアでは日本語が学ばれます。

[is / in / Australia / studied / Japanese / .]

＿＿＿＿＿＿＿＿＿＿＿＿＿＿＿＿＿＿＿＿＿＿＿

もう一歩

by 以外を使う受け身形

by のほかに，to，with，from などを使って表す受け身形もあるよ。

The roof is covered with **snow.**（屋根は雪でおおわれています。）

Einstein is known to all over the world.

（アインシュタインは世界中に知られています。）

Wine is made from **grapes.**（ワインはぶどうから作られます。）

左ページの答 by

30 〜されますか，〜されません

Is the song liked by everyone? 受け身

まず ココ！ 「〜されますか」，「〜されません」

→ 「〜されますか」というとき，be 動詞を主語の前に出します。

→ 「〜されません」というとき，be 動詞のあとに not を置きます。

つぎ ココ！ 「されますか」の文の作り方

The song is liked by everyone.

> be 動詞を文のいちばん
> 最初にもってくるよ

疑問文 Is the song liked by everyone?
（その歌はみんなに好かれていますか。）

> 答えは Yes または No で答えるよ

［答え方］ **Yes, it is.**
No, it isn't[it's not].

まとめよう✏️ 受け身の疑問文は，「① 　　　　　　　　 」という意味になり，〈② 　　　　　　 ＋主語＋③ 　　　　　　 〜？〉で表されます。

さらに ココ！ 「〜されません」の文の作り方

→ 受け身の否定文は，be 動詞のあとに not を置いて作ります。isn't, aren't, wasn't, weren't の短縮形も使えます。

The song is liked by everyone.

> be 動詞のあとに not をいれるよ

否定文 The song is not[isn't] liked by everyone.

（その歌はみんなに好かれていません。）

基本問題

解答⇒別冊p.12
答え合わせが終わったら，音声を聞きましょう。

中1の復習

第1章

第2章

第3章

第4章

第5章

第6章

第7章

1 次の英文を日本語にしましょう。

(1) This car is not used now.

(   )

(2) Was this picture drawn by her?

(   )

2 次の日本文に合うように（　　）に英語を入れましょう。

主語と時制を考えて
be 動詞を選ぼう。

(1) このカバンは彼女によって見つけられましたか。

(　　　　　) this bag (　　　　　) by her?

(2) その歌は生徒たちによって歌われませんでした。

The song (　　　　　) (　　　　　) by the students.

(3) この店では本は売られていません。

Books (　　　　　) (　　　　　) at this shop.

3 次の英文を受け身の文に書きかえましょう。

People don't speak Japanese in the country.

_____

もう一歩

よく見かける受け身の語句

Made in Japan （日本で作られた→日本製）

closed （閉店された→閉店）

sold out （売りつくされた→売り切れ）

これらの語句の主語には，製品やお店，商品などがくるよ。これらを補ってみると，なぜ受け身になっているのかがわかるよ。

左ページの答 ①〜されますか ②be動詞 ③過去分詞

31 受け身のまとめ

English is taught by Mr. Suzuki. 受け身

まず ココ！ 「〜する」の文と受け身の文

➡️ 「〜する」の文は，〈主語＋動詞〜.〉の形で表されます。

➡️ 受け身の文は，〈主語＋be 動詞＋過去分詞〜.〉の形で表されます。

つぎ ココ！ 「〜する」の文と受け身の文の作り方

一般動詞の文

1 つの文には 1 つの動詞しかはいらないよ

Mr. Suzuki teaches English.
鈴木先生は　　教える　　英語を

受け身の文

受け身の文だけは，be 動詞と過去分詞が必要

English is taught by Mr. Suzuki.
英語は　　教えられる　　鈴木先生によって

What
It's

まとめよう ✏️ 1 つの文には，1 つの ① ［　　　］ しか入りません。しかし，受け身の文では，

② ［　　　］ と ③ ［　　　　　　　］ が 1 つのまとまりになって，「〜される」

という意味を表しています。

さらに ココ！ 受け身の否定文・疑問文

➡️ 受け身の疑問文と否定文の作り方は be 動詞の否定文・疑問文と同じです。

一般動詞の疑問文・否定文

do/does/did を使います！

Do you play tennis?
(あなたはテニスをしますか。)

We didn't use this room.
(私たちはこの部屋を使いませんでした。)

受け身の疑問文・否定文

be 動詞(is/am/are/was/were)を使います！

Is tennis played by you?
(テニスはあなたによってされますか。)

This room wasn't used by us.
(この部屋は私たちによって使われませんでした。)

1 次の英文を受け身の文に書きかえましょう。

(1)　He read the letter yesterday.

_____

(2)　Does she use this computer every day?

_____

(3)　We didn't see the stars last night.

_____

2 次の英文を日本語にしましょう。

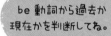

be 動詞から過去か
現在かを判断してね。

(1)　We were not invited to Tom's house last week.
　　　　　　　invite：招待する

　（　　　　　　　　　　　　　　　　　　　　　　　）

(2)　Are many cars made in Japan every year?

　（　　　　　　　　　　　　　　　　　　　　　　　）

3 次の日本文に合うように，[　　]内の単語を並べかえましょう。

水が人々のところに運ばれました。

[to / water / people / brought / the / was / .]

_____

もう一歩

「～される」と訳さない受け身形

　「～される」と訳すと不自然な日本語になるので，「～する」という受け身形
があるよ。

He was surprised at the information.　　　　　　（彼はその情報に驚いた）

The children were excited about the plan. （子どもたちはその計画に興奮した）

I am interested in the music.　　　　　　　　　（私はその音楽に興味がある）

1 次の日本文に合うように，（　）内から正しいものを選びましょう。

（8点×4＝32点）

(1)　この車は私の父によって使われます。

This car is (use / using / used) by my father.

(2)　その少年たちはパーティーに招待されました。

The boys (is / are / were) invited to the party.

(3)　これらの本は彼女によって書かれましたか。

Were these books written by (she / her / hers)?

(4)　日本では英語が学ばれます。

English is studied (of / in / by) Japan.

2 次の日本文に合うように（　）に英語を入れましょう。（7点×4＝28点）

(1)　そのカバンは彼によって見つけられました。

The bag (　　　) (　　　) (　　　) him.

(2)　この家は10年前に建てられましたか。

(　　　) this house (　　　) ten years ago?

(3)　そのカバンはエレンによって買われたのではありません。

The bag (　　　) (　　　) (　　　) by Ellen.

(4)　彼女は私の成功に驚きませんでした。

She (　　　) (　　　) at my success.

中1の復習

第1章

第2章

第3章

第4章

第5章

第6章

第7章

◎ 動詞を過去分詞にする場合，「不規則動詞」に注意しよう！
◎「～されました」は，〈be動詞＋過去分詞〉のbe動詞をwasまたはwereに変えるよ。
◎ だれの行為かはっきりしないとき，「…によって」という意味のby... が省略されることがあるよ。

3 次の英文を日本語にしましょう。(8点×3＝24点)

(1) His music was played in many countries.

( )

(2) Were many pictures taken by her then?

( )

(3) This room is cleaned every day.

( )

4 次の日本文を英語にしましょう。(8点×2＝16点)

(1) 彼女は多くの生徒によって愛されています。

_____

(2) この手紙はあなたによって送られたものですか。

_____

答え合わせが終わったら，音声を聞きましょう。

これで **レベルアップ**

「オーストラリアでは何語が話されていますか」を英語で言うと？

「何語」は what language で表すことができるね。
疑問詞を使った受け身の疑問文の場合，be動詞は文の
最初には来ないよ。
（×）Is what language spoken in Australia?
（○）What language is spoken in Australia?

91

32

第7章

ずっと〜している

I have lived in Osaka for a year.　現在完了「継続」

まず　ココ！　現在完了「継続」って何？

➡ 現在完了は，〈have[has] ＋過去分詞〉の形で表されます。

➡ 「ずっと〜している」と，過去から現在までの状態の継続を表すとき，現在
完了の文を使います。

つぎ　ココ！　現在完了「継続」の文の作り方

I started living in Osaka last year.　　I live in Osaka now.
（私は去年大阪に住み始めました。）　　　　　（私は今大阪に住んでいます。）

過去 ──────────────────────→ 現在
　　　　過去から現在まで状態が継続している

肯定文　I have lived in Osaka for a year. （私は1年間大阪に（ずっと）住んでいます。）
　　　　have＋過去分詞　　　　　　　for＋期間

　　　　I have lived in Osaka since last year. （私は去年から大阪に（ずっと）住んでいます。）
　　　　have＋過去分詞　　　　　　　since＋過去の起点

I have は I've と短縮できるよ。主語が he や she など3人称・単数のとき，have は
has になるよ。

まとめ
よう
現在完了「継続」は〈①［　　　　　　　　］＋過去分詞〉の形で，「ずっと〜している」

という状態の継続を表します。「〜から，〜以来」は，〈②［　　　　　　　］＋過去の

起点〉で表し，「…の間」は，〈③［　　　　　　　　］＋期間〉で表します。

さらに　ココ！　「継続」の疑問文と否定文の作り方

➡ 疑問文は have[has] を主語の前に持ってきます。

➡ 否定文は have[has] のあとに not を置きます。have not の短縮形は haven't
で，has not の短縮形は hasn't です。

疑問文　Have you lived in Osaka for a long time?
　　　　（あなたは長い間ずっと大阪に住んでいますか。）

　　　　→ Yes, I have. / No, I have not[haven't].
　　　　　　　　　　──── have を使って答える ────

否定文　I have not lived in Osaka for a long time.
　　　　　└─短縮形は haven't　　　　　　　　（私は大阪に長い間住んでいません。）

基 本 問 題

解答⇒別冊p.13
答え合わせが終わったら，音声を聞きましょう。

1 次の日本文に合うように（　　）に英語を入れましょう。

(1) 私はケンと 10 年間知り合いです。

I （　　　　　）（　　　　　　） Ken （　　　　　　） ten years.

↳ know の過去分詞

(2) エミリーは 2020 年からずっと日本に住んでいます。

Emily （　　　　　）（　　　　　） in Japan （　　　　　） 2020.

(3) あなたは長い間ネコがほしいのですか。

（　　　　　） you （　　　　　） a cat （　　　　　） a long time?

(4) （(3)の疑問文に対する答え）—いいえ，そうではありません。

− No, I （　　　　　）.

2 次の英文を，（　　）内の指示にしたがって書きかえましょう。

(1) He has been in his room since he came home.　（疑問文に）

_____

(2) They have stayed in Canada for three months.　（否定文に）

_____

 もう一歩

since について

since のあとは語句を置いて「〜から，〜以来」と表したり，〈主語＋動詞〜〉の文を置いて「〜してから，〜して以来」と表したりすることができるよ。

She has been in Tokyo <u>since last year.</u>
　　　　　　　　　　 since＋語句

（彼女は去年からずっと東京にいます。）

She has been in Tokyo <u>since she was five years old.</u>
　　　　　　　　　　 since＋主語＋動詞

（彼女は 5 歳のときからずっと東京にいます。）

左 ペ ー ジ の 答 ① have[has]　② since　③ for

93

33 〜したことがある

I have visited Hawaii once. 現在完了「経験」

まず ココ！ 現在完了「経験」って何？

➡ 「〜したことがある」と，これまでに経験したことを表すときは，現在完了の文を使います。

つぎ ココ！ 現在完了「経験」の文の作り方

過去形

I visited Hawaii last year.
訪れた　　　　　　去年

（私は去年ハワイを訪れました。）

現在完了

I have visited Hawaii once.
訪れたことがある　　　　　　一度

（私は一度ハワイを訪れたことがあります。）

| 過去 | → | 現在 |

去年 ← 過去の時点

経験の文でよく使われる語句

before「以前に」, twice「二度」, 〜 times「〜回」

まとめよう 現在完了「経験」の文では，「以前に」を意味する　　　　　　　，「〜回」を意味する〜 times などがよく使われます。

さらに ココ！ 「経験」の疑問文と否定文の作り方

➡ 「〜したことがありますか」とたずねるときは，「今までに」を意味する ever がよく使われます。

➡ 「〜したことがありません」と否定するときは，「一度も〜ない」を意味する never がよく使われます。

疑問文 Have you ever tried rock climbing?
→ Yes, I have. / No, I have not[haven't].

過去分詞の前に置く　（あなたは今までにロッククライミングに挑戦したことがありますか。）

否定文 I have never tried rock climbing.
（私は一度もロッククライミングに挑戦したことがありません。）

never には否定の意味があるから，not は不要だよ

解答⇒別冊p.13
答え合わせが終わったら，音声を聞きましょう。

中1の復習

第1章

第2章

第3章

第4章

第5章

第6章

第7章

1 次の日本文に合うように（　　）に英語を入れましょう。

(1) 私たちは二度カナダを訪れたことがあります。

We (　　　　　) (　　　　　　　) Canada (　　　　　　).
　　　　　　　　　　　　　　　　　　　　　　　┗二度

(2) あなたは今までに納豆を食べたことがありますか。

(　　　　　　) you (　　　　　) (　　　　　　) natto?

(3) ((2)の疑問文に対する答え)はい，あります。私はそれを何度も食べたことがあります。

Yes, I (　　　　　). I have (　　　　　) it many (　　　　　　).

(4) 私の妹は一度もバレーボールをしたことがありません。

My sister (　　　　) (　　　　　) (　　　　　) volleyball.

2 次の日本文に合うように，[　　]内の単語を並べかえましょう。

(1) 彼は一度もその映画を見たことがありません。

[has / he / the / seen / movie / never / .]

_____

(2) あなたは今までにこれらの本を読んだことがありますか。

[books / you / read / have / these / ever / ?]

_____

もう一歩

「～に行ったことがある」

「～に行ったことがある」と言うときは，have[has] been to ～で表すよ。

○ **She has been to Tokyo once.** （彼女は東京に一度行ったことがあります。）

　　be 動詞の過去分詞の **been** を使うよ。

× **She has gone to Tokyo.**

　　go の過去分詞の **gone** は使えないよ。

左ページの答　before

95

34 ～してしまった，～したところだ

Risa has already finished her homework. 現在完了「完了」

まず ココ！ 現在完了「完了」って何？

➡️ 「～してしまった」と，過去に始まったある動作が現在の時点で終わったことを表すときは，現在完了の文を使います。

つぎ ココ！ 現在完了「完了」の文の作り方

過去形
Risa finished her homework.
（リサは宿題を終えました。）

現在完了 すでに
Risa has │already│ **finished her homework.**
（リサはすでに宿題を終えてしまいました。）

過去 ————————過去に始まった動作が終わったことを表す————————→ 現在

完了の文でよく使われる語句

│already「すでに，もう」， just「ちょうど」│

まとめよう✏️ 現在完了「完了」の文では，「すでに，もう」を意味する ①[＿＿＿＿＿＿]，「ちょうど」を意味する ②[＿＿＿＿＿＿] がよく使われます。

さらに ココ！ 「完了」の疑問文と否定文の作り方

➡️ 「もう～しましたか」とたずねるときは，〈Have[Has]＋主語＋過去分詞 ～ yet?〉の形になります。

➡️ 「まだ～していません」と否定するときは，〈主語＋have[has] not＋過去分詞 ～ yet.〉の形になります。

文末に置く
↓
疑問文 **Have you eaten the dinner yet?**
→ Yes, I have. / No, I have not[haven't].
（あなたはもう夕食を食べましたか。）

文末に置く
↓
否定文 **I have not[haven't] eaten the dinner yet.**
（まだ夕食を食べていません。）

解答⇒別冊p.14
答え合わせが終わったら，音声を聞きましょう。

1 次の日本文に合うように（　　）に英語を入れましょう。

(1) コンサートがちょうど始まったところです。

The concert （　　　　　）（　　　　　） started.

(2) あなたはもう駅に着いていますか。

（　　　　　） you arrived at the station （　　　　　）?
　　　　　　　　　　～に着く

(3) （(2)の疑問文に対する答え）はい，着いています。私はすでにそこに着いています。

Yes, I （　　　　　）．I have （　　　　　） arrived there.

(4) 彼はまだ部屋をそうじしていません。

He has （　　　　　） cleaned his room （　　　　　）．

2 次の日本文に合うように，[　　　]内の単語を並べかえましょう。

(1) 私はすでにその本を読みました。

[read / already / the book / have / I / .]

_____

(2) あなたはもう皿を洗いましたか。

[you / yet / the dishes / washed / have / ?]

_____

 **もう一歩**

「完了」の疑問文の答え方

「完了」の疑問文に No で答えるときは，No, I have not[haven't]. の代わりに No, not yet. と答えることもできるよ。

Have you seen the movie yet? （もうその映画を見ましたか。）

―No, not yet. （いいえ，まだです。）

not yet は，**I have not seen the movie yet.** を省略したものだよ。

左 ペ ー ジ の 答 ① already ② just

97

35 どのくらい〜していますか，何回〜したことがありますか

How long have you lived in New York? /
How many times have you visited New York?

現在完了「継続・経験」

まず ココ！ 期間や回数のたずねかた

→ 現在完了の「継続」の文は期間を，「経験」の文は回数をたずねることができます。

→ 「どのくらい（長く）〜していますか」と期間をたずねるときは How long を現在完了の疑問文の最初に置きます。

つぎ ココ！ 「どのくらい〜していますか」の文の作り方

I have lived in New York for two years.

（私は 2 年間ニューヨークに住んでいます。）

How long have you lived in New York?
どのくらい長く

（あなたはどのくらいニューヨークに住んでいますか。）

答えるときは，For two years. や Since last year. のように期間を答えるよ。

まとめよう

現在完了の文で，「どのくらい（長く）〜していますか」と期間をたずねるときは [　　　　　　] を使ってたずねます。

さらに ココ！ 「何回〜したことがありますか」の文の作り方

→ 「何回〜したことがありますか」と回数をたずねるときは How many times を現在完了の疑問文の最初に置きます。

I have visited New York three times.

（私は 3 回ニューヨークを訪れたことがあります。）

How many times have you visited New York?
何回

（あなたは何回ニューヨークを訪れたことがありますか。）

答えるときは，I have visited it three times. もしくは省略して Three times. のように回数を答えるよ。一度もない場合は Never.（一度もありません。）と答えよう。

基本問題

1 次の日本文に合うように（　　）に英語を入れましょう。

(1) エリックは何回あのレストランへ行ったことがありますか。

How （　　　　　）（　　　　　　　） has Eric been to that restaurant?

(2) （(1)の疑問文に対する答え）5回あります。

（　　　　　）（　　　　　　　）.

(3) あなたのお父さんはどのくらい長く日本で働いていますか。

（　　　　　）（　　　　　　　） has your father worked in Japan?

(4) （(3)の疑問文に対する答え）23歳のときからです。

（　　　　　）（　　　　　　　） was twenty three years old.

2 次の日本文に合うように，〔　　〕内の単語を並べかえましょう。

(1) その歌手はどのくらい長く人気がありますか。

〔has / popular / long / the singer / been / how / ?〕

_____

(2) あなたは何回沖縄を訪れたことがありますか。

〔you / times / have / Okinawa / how / visited / many / ?〕

_____

もう一歩

過去を表す語句は使えない？

　現在完了の文で，yesterday や last ～，～ ago など過去を表す語句は使えないよ。ただし，since の後に過去を表す語句を置けば「～から，～以来」の意味で使えるよ。since ～ ago とはできないので注意しよう。

〈昨日から病気〉　　　　　　○ I have been sick **since** yesterday.

　　　　　　　　　　　　　✕ I have been sick yesterday.

〈3年前からの知り合い〉　　○ I have known him **for three years**.

　　　　　　　　　　　　　✕ I have known him since three years ago.

1 次の日本文に合うように（　　）に英語を入れましょう。(7点×4＝28点)

(1) あなたは今までにその公園へ行ったことがありますか。

（　　　　　）you（　　　　　）been to the park（　　　　　）?
　　　　　　　　　　　　└➤ 今までに

(2) 彼女はその歌を一度も聞いたことがありません。

She（　　　　）（　　　　　）（　　　　　）to the song.
　　　　　　　　　└➤ 一度も

(3) 私たちはすでに宿題を終えました。

We（　　　　）（　　　　　）（　　　　　）our homework.
　　　　　　　└➤ すでに

(4) あの博物館に何回訪れたことがありますか。

（　　　　）（　　　　）（　　　　　）have you visited that museum?

2 次の英文を日本語にしましょう。(7点×4＝28点)

(1) I've just arrived at the station.

（　　　　　　　　　　　　　　　　　）

(2) How long have you studied English?

（　　　　　　　　　　　　　　　　　）

(3) She has met my sister once.

（　　　　　　　　　　　　　　　　　）

(4) Have you written a report yet?
　　　　　　　　　　　レポート

（　　　　　　　　　　　　　　　　　）

◎「継続」の文では，for ～「～の間」や since ～「～から，～以来」などが，よく使われるよ。
◎「経験」の否定文では，not のかわりに「一度も～ない」という意味の never をよく使うよ。
◎「完了」の否定文と疑問文で yet が使われ，文の最後に置かれるよ。

3 次の日本文に合うように，[　　]内の単語を並べかえましょう。(7点×4＝28点)

(1) 私たちは10歳のときからお互いをずっと知っています。

[were / years old / known / we / we / each other / ten / have / since / .]
　　　　　　　　　　　　　　　　　　お互い

_____

(2) 彼はまだピアノを練習していません。

[not / he / yet / the piano / has / practiced / .]

_____

(3) あなたは長い間アメリカに住んでいますか。

[for / lived / you / a long / have / in / time / the U.S. / ?]

_____

(4) 彼らは私たちの新しい先生と3回話したことがあります。

[three / have / our / times / new teacher / they / talked with / .]

_____

4 次の日本文を英語にしましょう。(8点×2＝16点)

(1) 私たちはすでに私たちの教室をそうじしました。

_____
　教室：classroom

(2) あなたは今までにその本を読んだことがありますか。―はい，あります。

_____

答え合わせが終わったら，音声を聞きましょう。

① 道案内

大切な表現

Could you tell me how to [How can I] get to City Hall? ……… 道順をたずねるときに用いる表現
（市役所へどうやって行くか教えてくださいませんか。）

Which bus goes to City Hall? …………… どのバスが目的地に着くかを相手にたずねるときに用いる表現
（どのバスが市役所へ行きますか。）

Take Bus No. 3. …………… 乗るべきバスを相手に教えるときに用いる表現
（3番のバスに乗ってください。）

Where should I get off? ………… バスを降りるべき場所を相手にたずねるときに用いる表現
（私はどこで降りたらいいでしょうか。）

How long does it take? ………… 目的地まで行くのにかかる時間を相手にたずねるときに用いる表現
（そこまでどのくらいかかりますか。）

I think it takes about ten minutes. …………… 目的地まで行くのにかかる時間を相手に教えるときに用いる表現
（10分ぐらいかかると思います。）

◉ 次のような場面ではどのようにいいますか。表現を完成させましょう。

(1)　駅までの道順をたずねるとき。

_____

(2)　5番のバスに乗るように教えるとき。

_____

(3)　どこで降りたらいいのかたずねるとき。

_____

(4)　目的地に行くのにどのくらい時間がかかるかとたずねるとき。

_____

(5)　20分ぐらいかかると思うと答えるとき。

_____

答え合わせが終わったら，音声を聞きましょう。

❷ 電話での応答

大切な表現

Hello. (もしもし。)	電話をかけたときに用いるあいさつの基本的な表現
This is Kevin. (こちらはケビンです。)	電話で話しているときに自分の名まえを伝える表現
Is this Mrs. Jones? (ジョーンズさんですか。)	電話で話している相手の名まえを確かめるときに用いる表現
May I speak to Becky, please? (ベッキーをお願いできますか。)	電話で話したい相手の名まえを告げるときに用いる表現
Sorry, but he's[she's] out right now. (すみません，ただいま外出しています。)	電話の相手に不在だと伝えるときに用いる表現
What's up? (どうしたのですか。)	電話の用件についてたずねるときに用いる基本的な表現
Can you come（with me）? ((私といっしょに)あなたも来ませんか。)	相手を誘うときに用いる表現

◉ 次のような場面ではどのようにいいますか。表現を完成させましょう。

(1) 電話で自分の名まえがマイク(Mike)であると告げるとき。

_____

(2) 電話でボブ(Bob)をよび出すとき。

_____

(3) [(2)に答えて]電話の相手に不在だと伝えるとき。

_____

(4) 電話の用件をたずねるとき。

_____

(5) 相手に来るように誘うとき。

_____

答え合わせが終わったら，音声を聞きましょう。

 買い物

大切な表現

May I help you? （いらっしゃいませ。）	店員が声をかけるときに用いる基本的なあいさつの表現
I'm looking for a jacket. （上着をさがしているのですが。）	自分がさがしているものを店員に伝えるときに用いる表現
I'm just looking. （見ているだけです。）	いろいろな商品を見ているだけであることを店員に伝えるときに用いる表現
How about this one? （これはいかがですか。）	店員が客に商品をすすめるときに用いる表現
May I try this on? （これを着てみてもいいですか。）	商品を試着していいかどうかをたずねるときに用いる表現
Do you have a bigger one? （もっと大きいのはありますか。）	大きいサイズの商品があるかどうかを店員にたずねるときに用いる表現
I'll take it. （それをもらいます。）	商品を買うことを店員に伝えるときに用いる表現

◎ 次のような場面ではどのようにいいますか。表現を完成させましょう。

(1)　店員が客に声をかけるとき。

_____

(2)　見ているだけであることを店員に伝えるとき。

_____

(3)　店員が客に品物をすすめるとき。

_____

(4)　試着してもいいかどうかを店員にたずねるとき。

_____

(5)　商品を買うことを店員に告げるとき。

_____

答え合わせが終わったら，音声を聞きましょう。

❹ 依頼・勧誘・申し出

大切な表現

May I ask you a favor?
（ひとつお願いしてもよろしいですか。）
.... 相手に頼みごとがあることをいうときに用いる基本的な表現

Sure. [No problem.]
（もちろんいいですよ。）
.... 頼みごとをされて，それを受け入れるときに用いる表現

Would[Could] you read
it to me?
（私にそれを読んでもらえませんか。）
.... 相手にていねいに頼みごとをするときに用いる表現

Shall I show you this?
（これをあなたに見せましょうか。）
.... 何かしようかと相手に申し出るときに用いる表現

Yes, please.
（はい，お願いします。）
.... 申し出を受け入れるときに用いる表現

No, thank you.
（いいえ，けっこうです。）
.... 申し出を断るときに用いる表現

⊙ 次のような場面ではどのようにいいますか。表現を完成させましょう。

(1) 頼みごとがあることを相手に伝えるとき。

_____

(2) 頼みごとを引き受けることを伝えるとき。

_____

(3) 「それ」を見せてほしいと頼むとき。

_____

(4) 「あれ」を相手に見せようかと申し出るとき。

_____

(5) 「いいえ，けっこうです。」と伝えるとき。

_____

答え合わせが終わったら，音声を聞きましょう。

1 次の日本文に合うように，（　　）内から正しいものを選びましょう。

(7点×4＝28点)

(1) 私は一度もケビンに会ったことがありません。

I have never (see / saw / seen) Kevin.

(2) 私は昨日テレビを見て楽しみました。

I enjoyed (watch / watching / to watch) TV yesterday.

(3) 私はそこで彼女に会って驚きました。

I was surprised (that / to / because) see her there.

(4) この窓は彼によって開けられました。

This window was (opened / open / opening) by him.

2 次の英文を日本語にしましょう。(7点×4＝28点)

(1) I am going to see Tom next week.

(　　　　　　　　　　　　　　　　　　　)

(2) To speak English is not easy for me.
　　　　　　　　　　　　　　簡単な

(　　　　　　　　　　　　　　　　　　　)

(3) My father bought me a watch for my birthday.

(　　　　　　　　　　　　　　　　　　　)

(4) She goes to bed early when she doesn't watch TV.

(　　　　　　　　　　　　　　　　　　　)

3 次の疑問文に合う答えの文をあとから選び，記号で答えましょう。

(5点×4＝20点)

(1) Could you read this?   (2) Shall I go with you?

(3) May I eat this apple?   (4) Must I sing this song?

(1)＿＿＿＿＿ (2)＿＿＿＿＿ (3)＿＿＿＿＿ (4)＿＿＿＿＿

ア Yes, please come.   イ No, it's not yours.

ウ No, you don't have to.   エ No problem. I like it.

4 次の日本文に合うように，[   ]内の単語を並べかえましょう。(8点×2＝16点)

(1) これはすべての中でいちばん美しい絵です。

[the / all / beautiful / of / is / picture / this / most / .]

_____

(2) 英語は多くの国々で話されていますか。

[countries / English / in / is / many / spoken / ?]

_____

5 次の日本文を英語にしましょう。(8点)

少年たちはみなサッカーをするために公園へ行きました。

_____

答え合わせが終わったら，音声を聞きましょう。

実力テスト ②

解答⇒別冊p.16

/ 100

1 次の日本文に合うように，（　　）内から正しいものを選びましょう。

(7点×4＝28点)

(1) 彼らは 2020 年からずっとニュージーランドに滞在しています。

They have stayed in New Zealand (since / over / for) 2020.

(2) この箱はむこうにあるあの箱より重いです。

This box is (heavier / more heavy / as heavy) than that box over there.

(3) あなたはまず宿題をすべきです。

You (must / should / shall) do your homework first.

(4) ピアノをひくことは私にとって簡単ではありません。

(Playing / To playing / Plays) the piano is not easy for me.

2 次の英文を日本語にしましょう。(7点×4＝28点)

(1) I was happy to hear the news.
ニュース

(　　　　　　　　　　　　　　　　　　　　　　)

(2) My bike is not as new as yours.

(　　　　　　　　　　　　　　　　　　　　　　)

(3) She didn't get up early today because she was very sleepy.
眠い

(　　　　　　　　　　　　　　　　　　　　　　)

(4) He has already read these books.

(　　　　　　　　　　　　　　　　　　　　　　)

3 次の疑問文に合う答えの文をあとから選び，記号で答えましょう。

(5点×4＝20点)

(1) How long have you studied?　(2) Will you go shopping tomorrow?

(3) Are there many trees in the park?　(4) How many times have you been there?

(1)＿＿＿＿＿　(2)＿＿＿＿＿　(3)＿＿＿＿＿　(4)＿＿＿＿＿

ア Only once.　　　　　　　イ No, not many.

ウ No, I won't.　　　　　　エ For only an hour.

4 次の日本文に合うように，[　　]内の単語を並べかえましょう。(8点×2＝16点)

(1) これはこの店でいちばんよいイスですか。

[the best / is / in / this / this store / chair / ?]

＿＿＿＿＿＿＿＿＿＿＿＿＿＿＿＿＿＿＿＿＿＿＿＿＿＿＿

(2) 彼はまだここに来ていません。

[come / here / yet / he / hasn't / .]

＿＿＿＿＿＿＿＿＿＿＿＿＿＿＿＿＿＿＿＿＿＿＿＿＿＿＿

5 次の日本文を英語にしましょう。(8点)

この本は私の父によって書かれました。

＿＿＿＿＿＿＿＿＿＿＿＿＿＿＿＿＿＿＿＿＿＿＿＿＿＿＿
write の過去分詞：written

答え合わせが終わったら，音声を聞きましょう。

不規則動詞活用表

原形	現在形	過去形	過去分詞	ing 形
be 〜である，〜にいる	am / are / is	was / were	been	being
become 〜になる	become(s)	became	become	becoming
buy 〜を買う	buy(s)	bought	bought	buying
come 来る	come(s)	came	come	coming
do 〜をする	do / does	did	done	doing
drink 〜を飲む	drink(s)	drank	drunk	drinking
eat 〜を食べる	eat(s)	ate	eaten	eating
find 〜を見つける	find(s)	found	found	finding
get 〜を手に入れる	get(s)	got	got / gotten	getting
give 〜を与える	give(s)	gave	given	giving
go 行く	go(es)	went	gone	going
have 〜を持っている	have / has	had	had	having
know 〜を知っている	know(s)	knew	known	knowing

原形	現在形	過去形	過去分詞	ing 形
leave 出発する	leave(s)	left	left	leaving
make 〜を作る	make(s)	made	made	making
meet 〜に会う	meet(s)	met	met	meeting
read 〜を読む	read(s)	read	read	reading
run 走る	run(s)	ran	run	running
say 〜をいう	say(s)	said	said	saying
see 〜を見る	see(s)	saw	seen	seeing
speak 〜を話す	speak(s)	spoke	spoken	speaking
swim 泳ぐ	swim(s)	swam	swum	swimming
take 〜をとる	take(s)	took	taken	taking
teach 〜を教える	teach(es)	taught	taught	teaching
tell 〜を話す	tell(s)	told	told	telling
think 〜だと思う	think(s)	thought	thought	thinking
write 〜を書く	write(s)	wrote	written	writing

装丁デザイン　ブックデザイン研究所
本文デザイン　A.S.T DESIGN
　　イラスト　ホンマヨウヘイ

本書に関する最新情報は, 小社ホームページにある**本書の「サポート情報」**をご覧ください。（開設して
いない場合もございます。）　なお, この本の内容についての責任は小社にあり, 内容に関するご質問は
直接小社におよせください。

中2 基礎からわかりやすく　英語ノート

編著者	中学教育研究会	発行所	受験研究社
発行者	岡 本 明 剛		
印刷所	寿 印 刷	© 株式会社 増進堂・受験研究社	

〒550-0013 大阪市西区新町2丁目19番15号
注文・不良品などについて：(06)6532-1581(代表)／本の内容について：(06)6532-1586(編集)

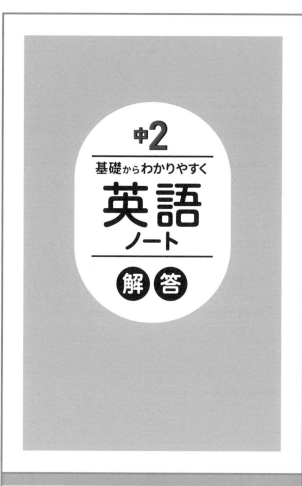

中2
基礎からわかりやすく
英語ノート
解答

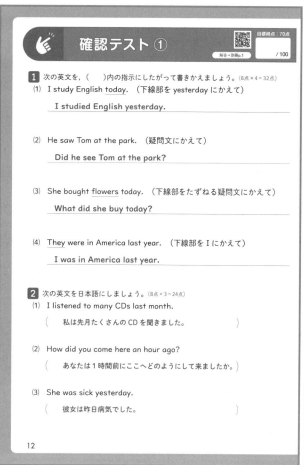

確認テスト ①

目標得点：70点
解答→別冊p.1
／100

1 次の英文を，（　　）内の指示にしたがって書きかえましょう。(8点×4＝32点)

(1) I study English today. （下線部を yesterday にかえて）

　　I studied English yesterday.

(2) He saw Tom at the park. （疑問文にかえて）

　　Did he see Tom at the park?

(3) She bought flowers today. （下線部をたずねる疑問文にかえて）

　　What did she buy today?

(4) They were in America last year. （下線部を I にかえて）

　　I was in America last year.

2 次の英文を日本語にしましょう。(8点×3＝24点)

(1) I listened to many CDs last month.

　　（　　私は先月たくさんの CD を聞きました。　　）

(2) How did you come here an hour ago?

　　（　　あなたは1時間前にここへどのようにして来ましたか。　）

(3) She was sick yesterday.

　　（　　彼女は昨日病気でした。　　）

12

ひっぱると、はずして使えます。

得点UP アドバイス
◎ be 動詞の過去形は was と were だよ。主語によって使い分けよう。
◎「be 動詞＋in＋場所」で「～にいる」という意味になるよ。
◎ 過去形は主語が何であっても形は同じだよ。不規則動詞に気をつけよう。

3 次の疑問文に合う答えの文をあとから選び，記号で答えましょう。
(7点×4＝28点)

(1) Did you meet my brother?　　　（　ウ　）

(2) Where did you play tennis?　　（　ア　）

(3) What time did you come home?（　エ　）

(4) Were you with Tom then?　　　（　イ　）

ア At school.　　　　　イ No, I wasn't.
ウ Yes, I did.　　　　　エ At eleven.

4 次の日本文に合うように，［　　］内の単語を並べかえましょう。〈8点×2＝16点〉
(1) 私たちは2年前日本にいました。

　　[years / were / we / ago / Japan / two / in / .]

　　We were in Japan two years ago.

(2) あなたはいつそのネコを見ましたか。

　　[you / cat / when / did / the / see / ?]

　　When did you see the cat?

答え合わせが終わったら、音声を聞きましょう。

これで レベルアップ

At school. や At eleven. のように、at は場所や時刻の両方に使えるの？

〈at＋場所〉はせまい場所や一地点を表すよ。〈at＋時〉は時刻や時の一点を表すんだよ。(例)at home(家に)、at the door(ドアのところで)、at that time(そのとき)

13

中1の復習 第1章 第2章 第3章 第4章 第5章 第6章 第7章

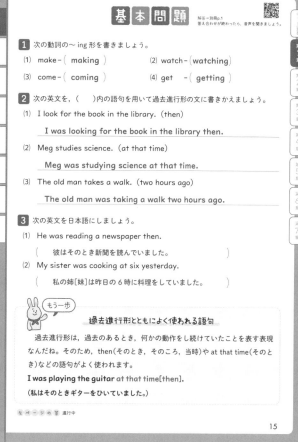

基本問題

解答→別冊p.1
答え合わせが終わったら、音声を聞きましょう。

1 次の動詞の～ ing 形を書きましょう。

(1) make－（ making ）　　　(2) watch－（watching）

(3) come－（ coming ）　　　(4) get　－（ getting ）

2 次の英文を，（　　）内の語句を用いて過去進行形の文に書きかえましょう。

(1) I look for the book in the library. （then）

　　I was looking for the book in the library then.

(2) Meg studies science. （at that time）

　　Meg was studying science at that time.

(3) The old man takes a walk. （two hours ago）

　　The old man was taking a walk two hours ago.

3 次の英文を日本語にしましょう。

(1) He was reading a newspaper then.

　　（　彼はそのとき新聞を読んでいました。　　）

(2) My sister was cooking at six yesterday.

　　（　私の姉[妹]は昨日の6時に料理をしていました。　）

もう一歩

過去進行形とともによく使われる語句

　過去進行形は、過去のあるとき、何かの動作をし続けていたことを表す表現なんだね。そのため、then(そのとき、そのころ、当時)や at that time(そのとき)などの語句がよく使われます。

I was playing the guitar at that time[then].
（私はそのときギターをひいていました。）

左ページの答 進行中

15

Panel 1 (page 17)

基 本 問 題　解答→別冊p.2
答え合わせが終わったら、音声を聞きましょう。

1 次の英文を疑問文に書きかえましょう。

(1) They were swimming.

　　Were they swimming?

(2) The boy was kicking a ball in the yard.

　　Was the boy kicking a ball in the yard?

(3) It was raining then.

　　Was it raining then?

2 次の英文を否定文に書きかえましょう。

(1) I was sitting on the bench.

　　I was not[wasn't] sitting on the bench.

(2) She was using the computer then.

　　She was not[wasn't] using the computer then.

(3) My daughter was doing her homework at that time.

　　My daughter was not[wasn't] doing her homework at that time.

3 次の日本文を英語にしましょう。

(1) 彼らはどこで昼食を食べていましたか。

　　Where were they eating[having] lunch?

(2) あなたはそのとき何をしていましたか。

　　What were you doing then[at that time]?

左ページの答　①be　②was

17

Panel 2 (page 19)

基 本 問 題　解答→別冊p.2
答え合わせが終わったら、音声を聞きましょう。

1 次の英文を日本語にしましょう。

(1) I am going to see you tomorrow.

　（　私は明日あなたに会うつもりです。　）

(2) Are you going to visit America?

　（　あなたはアメリカを訪問するつもりですか。　）

(3) He is not going to study English.

　（　彼は英語を勉強する予定はありません。　）

2 次の英文を be going to を使った文に書きかえましょう。

(1) I live in Japan.

　　I am[I'm] going to live in Japan.

(2) Does he sing with us?

　　Is he going to sing with us?

be going to の文
では do や does を
使わないよ。

(3) We don't leave your house.

　　We are not[aren't] going to leave your house.

3 次の日本文を英語にしましょう。

あなたは明日何をするつもりですか。

　　What are you going to do tomorrow?

左ページの答　going to

19

Panel 3 (page 21)

基 本 問 題　解答→別冊p.2
答え合わせが終わったら、音声を聞きましょう。

1 次の英文を日本語にしましょう。

(1) I will visit Japan tomorrow.

　（　私は明日日本を訪問するつもりです。　）

(2) Will you come to my house tomorrow?

　（　あなたは明日私の家に来るつもりですか。　）

Will you ～? は、「～するつもりですか」という意味になるよ。

2 次の英文を will を使った文に書きかえましょう。

(1) I live in America.

　　I will[I'll] live in America.

(2) Do you play the piano for me?

　　Will you play the piano for me?

(3) He doesn't play soccer with us.

　　He will not[won't] play soccer with us.

3 次の日本文を英語にしましょう。

あなたは花を買うつもりですか。 ―はい、買うつもりです。

　　Will you buy flowers? – Yes, I will.

もう一歩

I'm going to ～と I'll ～のちがいって?

be going to は前もって決めていることについて、will はその場で起こったことや状況によって決めたことをいうときに will を使うよ。

左ページの答　①～するつもりです　②he'll

21

Panel 4 (page 22)

確認テスト②　目標得点：70点　／100
解答→別冊p.2

1 次の英文を日本語にしましょう。（6点×4＝24点）

(1) I am going to practice tennis this afternoon.

　（　私は今日の午後テニスを練習するつもりです。　）

(2) Are you going to meet Ellen tomorrow?

　（　あなたは明日エレンに会うつもりですか。　）

(3) They were watching TV then.

　（　彼らはそのときテレビを見ていました。　）

(4) We will not sing this song today.

　（　私たちは今日この歌を歌うつもりはありません。　）

2 次の英文を、（　　）内の指示にしたがって書きかえましょう。（7点×4＝28点）

(1) She doesn't come to my house.（be going to を用いて）

　　She is not[She's not / She isn't] going to come to my house.

(2) Does your sister make dinner?（be going to を用いて）

　　Is your sister going to make dinner?

(3) We don't play soccer after school.（will を用いて）

　　We will not[won't] play soccer after school.

(4) He runs in the park.（過去進行形の文に）

　　He was running in the park.

22

解答●2

● be going to の be は主語によって使い分けるよ。
● run や stop などの〜 ing 形に気をつけてね。
● will と be going to のあとの動詞は原形になるよ。

3 次の英文を、（ ）内の指示にしたがって書きかえましょう。(8点×3＝24点)

(1) Are the girls going to sing for us?（no で答える）

No, they are not[aren't].

(2) Were you listening to music at that time?（no で答える）

No, I was not[wasn't].

(3) What did you talk about?
（tomorrow をつけ加えて、「〜するつもりですか」という文に）

What will you talk about tomorrow?
[What are you going to talk about tomorrow?]

4 次の日本文を英語にしましょう。(8点×3＝24点)

(1) 私の父は新しい家を買うつもりはありません。（10 語で）

My father is not going to buy a new house.

(2) 私たちは公園まで歩いていくつもりはありません。（7 語で）

We will not walk to the park.

(3) 私はそのとき寝ていました。（4 語で）

I was sleeping then.

得点：sleep

答え合わせが終わったら、音声を聞きましょう。

これで レベルアップ

will と be going to は同じ意味なの？

will は、「〜するつもりです」という be going to と同じ意味をもっているよ。他に主語が I や we のときは、主語の意志を表すことがあるよ。

23

解答→別冊p.3
答え合わせが終わったら、音声を聞きましょう。

1 次の英文を日本語にしましょう。

(1) There is a big park in our city.

（ 私たちの市には大きな公園があります。 ）

(2) There aren't any pictures in my room.

（ 私の部屋には絵（写真）が1枚もありません。 ）

not 〜 any で「まったく〜ない」という意味を表すよ。

2 次の日本文に合うように（ ）に英語を入れましょう。

(1) 私の家の近くには図書館があります。

（ There ）（ is ） a library near my house.

(2) この市には高い塔がありますか。

（ Is ）（ there ） a tall tower（ in ） this city?
塔

3 次の日本文に合うように、[ ]内の単語を並べかえましょう。

日本には大きな都市がたくさんあります。

[in / are / cities / Japan / there / big / many / .]

There are many big cities in Japan.

もう一歩

There is[are] のあとは固有名詞はこない

There is[are]のあとには必ず「特定ではないもの」が続くよ。Tokyo(東京)などの固有名詞や、特定の人やもの（my 〜（わたしの〜）、〜's（〜のもの）、the（その）などがついた語）は、ふつう there の文に使わないよ。

左ページの答 ①is ②are

25

解答→別冊p.3
答え合わせが終わったら、音声を聞きましょう。

1 次の英文を日本語にしましょう。

(1) Mr. Brown is a teacher, isn't he?

（ ブラウンさんは先生ですよね。 ）

(2) That black bag is yours, isn't it?

（ あの黒いカバンはあなたのですよね。 ）

付加疑問の部分は「ですよね」と訳そう。

2 次の日本文に合うように（ ）に英語を入れましょう。

(1) あなたはアメリカ出身ですよね。

You are from America,（ aren't ）（ you ）?

(2) これは有名な本ですよね。

This is a famous book,（ isn't ）（ it ）?

(3) 昨日、雨が降りましたよね。

It rained yesterday,（ didn't ）（ it ）?

3 次の日本文に合うように、[ ]内の単語を並べかえましょう。

あなたはかわいいネコをかっていますよね。

[don't / cat / have / you / you / pretty / a / , / ?]

You have a pretty cat, don't you?

もう一歩

付加疑問文の言い方

付加疑問は下がり口調だと相手の同意を求めている感じに、上がり口調だと実際に質問している感じになります。例えば、「ヒロシは医者ですよね？」とヒロシが医者かどうかを知りたくて質問したいときは、isn't he? を上げて言います。「そうですね。」という答えを相手に期待するときは、下げて言います。

左ページの答 ①be 動詞 ②doesn't

27

解答→別冊p.3
答え合わせが終わったら、音声を聞きましょう。

1 次の英文を日本語にしましょう。

(1) Can you show me your picture?

（ 私にあなたの写真［絵］を見せてくれませんか。 ）

(2) My sister will give them some flowers.

（ 私の姉は彼ら［彼女ら］に花をあげるつもりです。 ）

(3) What do you call him?

（ あなたは彼を何と呼びますか。 ）

(4) This book made us sad.

（ この本は私たちを悲しくさせました。 ）

made は「〜にさせた」という意味だよ。

2 次の日本文に合うように、[ ]内の単語を並べかえましょう。

(1) 彼らに英語を教えてくれませんか。 [them / English / teach / can / you / ?]

Can you teach them English?

(2) 私のことをマコと呼んでください。 [please / me / call / Mako / .]

Please call me Mako.

(3) エリックは彼にペンを買いました。 [bought / Eric / a pen / him / .]

Eric bought him a pen.

もう一歩

SVOO「（人）に（もの）を…する」の文の書きかえ

SVOO「（人）に（もの）を…する」の文は〈主語＋動詞＋もの＋to[for]＋人〉の形に書きかえることができるよ。

〈to をとる動詞〉	〈for をとる動詞〉
show, teach, give, tell など	buy, make, cook など
He teaches us English.	He bought me a present.
＝ He teaches English to us.	＝ He bought a present for me.

左ページの答 目的格

29

解答●3

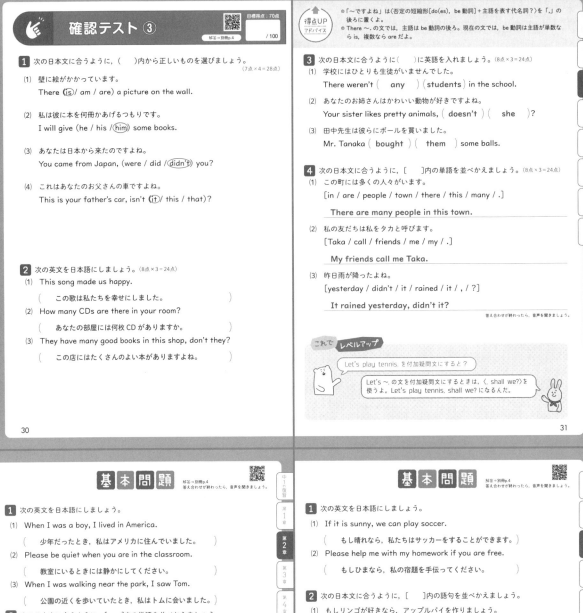

確認テスト ③

目標得点：70点

解答→別冊p.4

/100

1 次の日本文に合うように、（ ）内から正しいものを選びましょう。
(7点×4＝28点)

(1) 壁に絵がかかっています。
There (**is**/ am / are) a picture on the wall.

(2) 私は彼に本を何冊かあげるつもりです。
I will give (he / his /(**him**)) some books.

(3) あなたは日本から来たのですよね。
You came from Japan, (were / did /(**didn't**)) you?

(4) これはあなたのお父さんの車ですよね。
This is your father's car, isn't (**it**)/ this / that)?

2 次の英文を日本語にしましょう。(8点×3＝24点)

(1) This song made us happy.
（ この歌は私たちを幸せにしました。 ）

(2) How many CDs are there in your room?
（ あなたの部屋には何枚 CD がありますか。 ）

(3) They have many good books in this shop, don't they?
（ この店にはたくさんのよい本がありますよね。 ）

得点UP アドバイス

◎「〜ですよね」は〈否定の短縮形[do(es)，be 動詞]＋主語を表す代名詞?〉を「，」の後ろに置くよ。
◎ There 〜．の文では、主語は be 動詞の後ろ。現在の文では、be 動詞は主語が単数なら is，複数なら are だよ。

3 次の日本文に合うように（ ）に英語を入れましょう。(8点×3＝24点)

(1) 学校にはひとりも生徒がいませんでした。
There weren't （ any ） （ students ） in the school.

(2) あなたのお姉さんはかわいい動物が好きですよね。
Your sister likes pretty animals, （ doesn't ） （ she ）?

(3) 田中先生は彼らにボールを買いました。
Mr. Tanaka （ bought ） （ them ） some balls.

4 次の日本文に合うように、[ ]内の単語を並べかえましょう。(8点×3＝24点)

(1) この町には多くの人々がいます。
[in / are / people / town / there / this / many / .]
There are many people in this town.

(2) 私の友だちは私をタカと呼びます。
[Taka / call / friends / me / my / .]
My friends call me Taka.

(3) 昨日雨が降ったよね。
[yesterday / didn't / it / rained / it / , / ?]
It rained yesterday, didn't it?

答え合わせが終わったら、音声を聞きましょう。

これで レベルアップ

Let's play tennis. を付加疑問文にすると？

Let's 〜．の文を付加疑問文にするときは、〈, shall we?〉を使うよ。Let's play tennis, shall we? になるんだ。

30 / 31

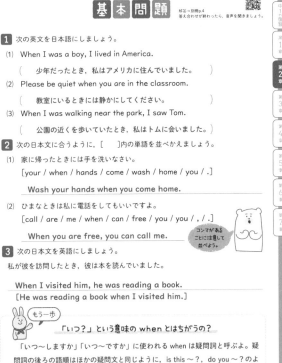

基本問題

解答→別冊p.4
答え合わせが終わったら、音声を聞きましょう。

1 次の英文を日本語にしましょう。

(1) When I was a boy, I lived in America.
（ 少年だったとき、私はアメリカに住んでいました。 ）

(2) Please be quiet when you are in the classroom.
（ 教室にいるときには静かにしてください。 ）

(3) When I was walking near the park, I saw Tom.
（ 公園の近くを歩いていたとき、私はトムに会いました。）

2 次の日本文に合うように、[ ]内の単語を並べかえましょう。

(1) 家に帰ったときには手を洗いなさい。
[your / when / hands / come / wash / home / you / .]
Wash your hands when you come home.

(2) ひまなときは私に電話をしてもいいですよ。
[call / are / me / when / can / free / you / you / , / .]
When you are free, you can call me.

コンマがあるごとに注意して並べよう。

3 次の日本文を英語にしましょう。
私が彼を訪問したとき、彼は本を読んでいました。

When I visited him, he was reading a book.
[He was reading a book when I visited him.]

もう一歩

「いつ？」という意味の when とはちがうの？

「いつ〜しますか」「いつ〜ですか」に使われる when は疑問詞と呼ぶよ。疑問詞の後ろの語順はほかの疑問文と同じように、is this 〜?，do you 〜? のような形になるよ。接続詞の when は疑問詞ではないので、後ろの語順は〈主語＋動詞〉になるので注意してね。

左ページの答 ①つなぐ ②〜とき

33

基本問題

解答→別冊p.4
答え合わせが終わったら、音声を聞きましょう。

1 次の英文を日本語にしましょう。

(1) If it is sunny, we can play soccer.
（ もし晴れなら、私たちはサッカーをすることができます。）

(2) Please help me with my homework if you are free.
（ もしひまなら、私の宿題を手伝ってください。 ）

2 次の日本文に合うように、[ ]内の語句を並べかえましょう。

(1) もしリンゴが好きなら、アップルパイを作りましょう。
[like / let's / you / if / make / apples / an apple pie / , / .]
If you like apples, let's make an apple pie.

(2) もし今日雨が降るなら、家にいます。
[rains / I'll / today / it / home / if / stay / .]
I'll stay home if it rains today.

3 次の日本文を英語にしましょう。
もし日本に来るなら、私に電話してください。

If you come to Japan, please call me.
[Please call me if you come to Japan.]
〜に電話する：call 〜

もう一歩

if の文

条件を表す if 節の中の動詞は、現在形を用いなければならないんだ。

例 If it rains, Jane won't come. （もし雨が降れば、ジェーンは来ないだろう。）
実際はまだ雨は降っていないけど、もしこれから雨が降るならば、と条件を表すときは will を使わずに現在形を用いるよ。

左ページの答 条件

35

解答●4

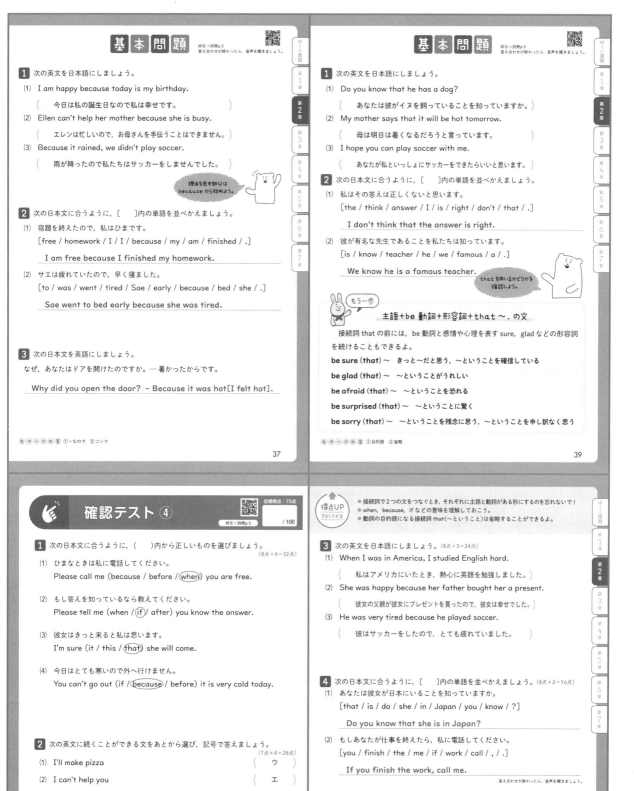

基本問題 (p.37)

解答→別冊p.5
答え合わせが終わったら，音声を聞きましょう。

1 次の英文を日本語にしましょう。

(1) I am happy because today is my birthday.

（ 今日は私の誕生日なので私は幸せです。 ）

(2) Ellen can't help her mother because she is busy.

（ エレンは忙しいので，お母さんを手伝うことはできません。 ）

(3) Because it rained, we didn't play soccer.

（ 雨が降ったので私たちはサッカーをしませんでした。 ）

理由を表す部分は
because から始めよう。

2 次の日本文に合うように，[　]内の単語を並べかえましょう。

(1) 宿題を終えたので，私はひまです。

[free / homework / I / I / because / my / am / finished / .]

I am free because I finished my homework.

(2) サエは疲れていたので，早く寝ました。

[to / was / went / tired / Sae / early / because / bed / she / .]

Sae went to bed early because she was tired.

3 次の日本文を英語にしましょう。

なぜ，あなたはドアを開けたのですか。— 暑かったからです。

Why did you open the door? – Because it was hot[I felt hot].

左ページの答 ①〜なので ②コンマ

37

基本問題 (p.39)

解答→別冊p.5
答え合わせが終わったら，音声を聞きましょう。

1 次の英文を日本語にしましょう。

(1) Do you know that he has a dog?

（ あなたは彼がイヌを飼っていることを知っていますか。 ）

(2) My mother says that it will be hot tomorrow.

（ 母は明日は暑くなるだろうと言っています。 ）

(3) I hope you can play soccer with me.

（ あなたが私といっしょにサッカーをできたらいいと思います。 ）

2 次の日本文に合うように，[　]内の単語を並べかえましょう。

(1) 私はその答えは正しくないと思います。

[the / think / answer / I / is / right / don't / that / .]

I don't think that the answer is right.

(2) 彼が有名な先生であることを私たちは知っています。

[is / know / teacher / he / we / famous / a / .]

We know he is a famous teacher.

that を用いるがどうかを
確認しよう。

もう一歩

主語＋be動詞＋形容詞＋that〜．の文

接続詞 that の前には，be動詞と感情や心理を表す sure, glad などの形容詞を続けることもできるよ。

be sure (that)〜 きっと〜だと思う，〜ということを確信している

be glad (that)〜 〜ということがうれしい

be afraid (that)〜 〜ということを恐れる

be surprised (that)〜 〜ということに驚く

be sorry (that)〜 〜ということを残念に思う，〜ということを申し訳なく思う

左ページの答 ①目的語 ②省略

39

確認テスト④

自標得点：70点
解答→別冊p.5
／100

1 次の日本文に合うように，（　）内から正しいものを選びましょう。
(8点×4＝32点)

(1) ひまなときは私に電話してください。

Please call me (because / before / when) you are free.

(2) もし答えを知っているなら教えてください。

Please tell me (when / if / after) you know the answer.

(3) 彼女はきっと来ると私は思います。

I'm sure (it / this / that) she will come.

(4) 今日はとても寒いので外へ行けません。

You can't go out (if / because / before) it is very cold today.

2 次の英文に続くことができる文をあとから選び，記号で答えましょう。
(7点×4＝28点)

(1) I'll make pizza （ ウ ）

(2) I can't help you （ エ ）

(3) Let's go shopping （ イ ）

(4) I don't think （ ア ）

ア that English is easy.　　イ if you are free.

ウ if you are hungry.　　エ because I am busy now.

40

得点UP アドバイス

◎ 接続詞で2つの文をつなぐとき，それぞれに主語と動詞がある形にするのを忘れないでね！
◎ when，because，if などの意味を理解しておこう。
◎ 動詞の目的語になる接続詞 that（〜ということ）は省略することができるよ。

3 次の英文を日本語にしましょう。(8点×3＝24点)

(1) When I was in America, I studied English hard.

（ 私はアメリカにいたとき，熱心に英語を勉強しました。 ）

(2) She was happy because her father bought her a present.

（ 彼女の父親が彼女にプレゼントを買ったので，彼女は幸せでした。 ）

(3) He was very tired because he played soccer.

（ 彼はサッカーをしたので，とても疲れていました。 ）

4 次の日本文に合うように，[　]内の単語を並べかえましょう。(8点×2＝16点)

(1) あなたは彼女が日本にいることを知っていますか。

[that / is / do / she / in / Japan / you / know / ?]

Do you know that she is in Japan?

(2) もしあなたが仕事を終えたら，私に電話してください。

[you / finish / the / me / if / work / call / , / .]

If you finish the work, call me.

答え合わせが終わったら，音声を聞きましょう。

これで レベルアップ

なぜ when などの文では未来を表している内容でも，現在形を使うの？

when, after(〜した後で), before(〜する前)など時を表す接続詞のあとに続く部分は，予測ではなく，確実に起きることを述べているので，現在形を使うんだよ。

41

解答●5

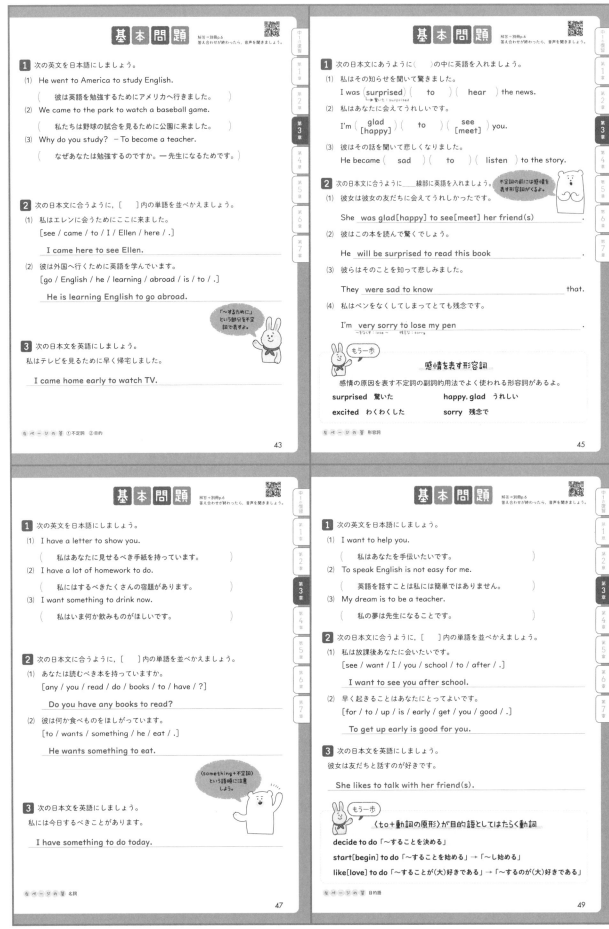

基本問題 （左上 p.43）

解答→別冊p.6
答え合わせが終わったら、音声を聞きましょう。

1 次の英文を日本語にしましょう。

(1) He went to America to study English.

（　彼は英語を勉強するためにアメリカへ行きました。　）

(2) We came to the park to watch a baseball game.

（　私たちは野球の試合を見るために公園に来ました。　）

(3) Why do you study? — To become a teacher.

（　なぜあなたは勉強するのですか。—先生になるためです。　）

2 次の日本文に合うように，[　]内の単語を並べかえましょう。

(1) 私はエレンに会うためにここに来ました。

[see / came / to / I / Ellen / here / .]

I came here to see Ellen.

(2) 彼は外国へ行くために英語を学んでいます。

[go / English / he / learning / abroad / is / to / .]

He is learning English to go abroad.

「〜するために」という部分を不定詞で表すよ。

3 次の日本文を英語にしましょう。

私はテレビを見るために早く帰宅しました。

I came home early to watch TV.

左ページの答 ①不定詞 ②目的

43

基本問題 （右上 p.45）

解答→別冊p.6
答え合わせが終わったら、音声を聞きましょう。

1 次の日本文にあうように（　）の中に英語を入れましょう。

(1) 私はその知らせを聞いて驚きました。

I was (surprised) (to) (hear) the news.
→驚いた：surprised

(2) 私はあなたに会えてうれしいです。

I'm (glad[happy]) (to) (see[meet]) you.

(3) 彼はその話を聞いて悲しくなりました。

He became (sad) (to) (listen) to the story.

2 次の日本文に合うように＿＿線部に英語を入れましょう。

不定詞の前には感情を表す形容詞がくるよ。

(1) 彼女は彼女の友だちに会えてうれしかったです。

She was glad[happy] to see[meet] her friend(s).

(2) 彼はこの本を読んで驚くでしょう。

He will be surprised to read this book.

(3) 彼らはそのことを知って悲しみました。

They were sad to know that.

(4) 私はペンをなくしてしまってとても残念です。

I'm very sorry to lose my pen.
→なくす：lose ～　残念な：sorry

もう一歩

感情を表す形容詞

感情の原因を表す不定詞の副詞的用法でよく使われる形容詞があるよ。

surprised 驚いた　　　　　　**happy, glad** うれしい

excited わくわくした　　　　**sorry** 残念で

左ページの答 形容詞

45

基本問題 （左下 p.47）

解答→別冊p.6
答え合わせが終わったら、音声を聞きましょう。

1 次の英文を日本語にしましょう。

(1) I have a letter to show you.

（　私はあなたに見せるべき手紙を持っています。　）

(2) I have a lot of homework to do.

（　私にはするべきたくさんの宿題があります。　）

(3) I want something to drink now.

（　私はいま何か飲みものがほしいです。　）

2 次の日本文に合うように，[　]内の単語を並べかえましょう。

(1) あなたは読むべき本を持っていますか。

[any / you / read / do / books / to / have / ?]

Do you have any books to read?

(2) 彼は何か食べものをほしがっています。

[to / wants / something / he / eat / .]

He wants something to eat.

〈something＋不定詞〉という語順に注意しよう。

3 次の日本文を英語にしましょう。

私には今日するべきことがあります。

I have something to do today.

左ページの答 名詞

47

基本問題 （右下 p.49）

解答→別冊p.6
答え合わせが終わったら、音声を聞きましょう。

1 次の英文を日本語にしましょう。

(1) I want to help you.

（　私はあなたを手伝いたいです。　）

(2) To speak English is not easy for me.

（　英語を話すことは私には簡単ではありません。　）

(3) My dream is to be a teacher.

（　私の夢は先生になることです。　）

2 次の日本文に合うように，[　]内の単語を並べかえましょう。

(1) 私は放課後あなたに会いたいです。

[see / want / I / you / school / to / after / .]

I want to see you after school.

(2) 早く起きることはあなたにとってよいです。

[for / to / up / is / early / get / you / good / .]

To get up early is good for you.

3 次の日本文を英語にしましょう。

彼女は友だちと話すのが好きです。

She likes to talk with her friend(s).

もう一歩

〈to＋動詞の原形〉が目的語としてはたらく動詞

decide to do 「〜することを決める」

start[begin] to do 「〜することを始める」→「〜し始める」

like[love] to do 「〜することが（大）好きである」→「〜するのが（大）好きである」

左ページの答 目的語

49

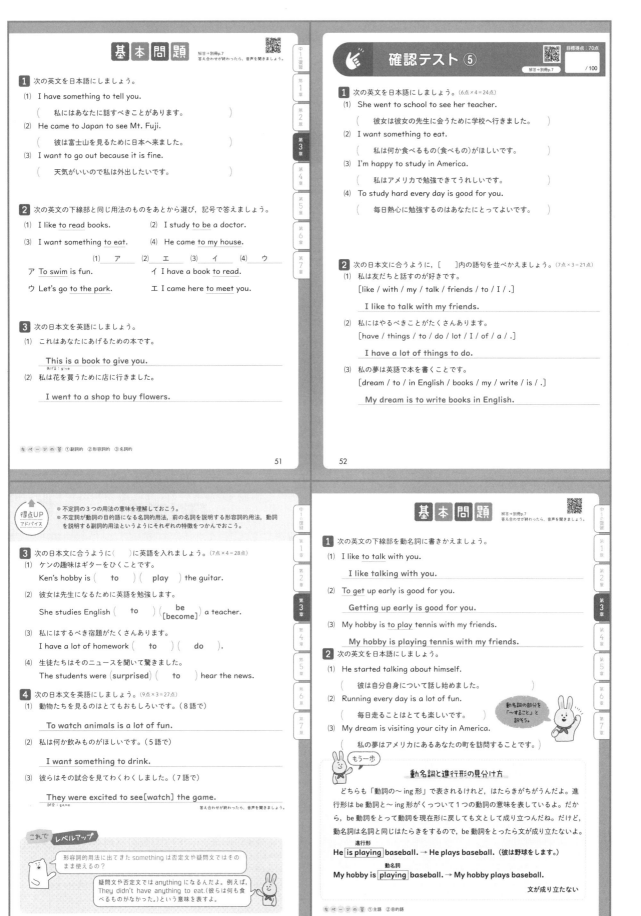

基本問題

解答→別冊p.7
答え合わせが終わったら、音声を聞きましょう。

1 次の英文を日本語にしましょう。

(1) I have something to tell you.

（　　私にはあなたに話すべきことがあります。　　）

(2) He came to Japan to see Mt. Fuji.

（　　彼は富士山を見るために日本へ来ました。　　）

(3) I want to go out because it is fine.

（　　天気がいいので私は外出したいです。　　）

2 次の英文の下線部と同じ用法のものをあとから選び、記号で答えましょう。

(1) I like to read books.　　(2) I study to be a doctor.

(3) I want something to eat.　　(4) He came to my house.

| (1) | ア | (2) | エ | (3) | イ | (4) | ウ |

ア To swim is fun.　　イ I have a book to read.

ウ Let's go to the park.　　エ I came here to meet you.

3 次の日本文を英語にしましょう。

(1) これはあなたにあげるための本です。

This is a book to give you.
あげる：give

(2) 私は花を買うために店に行きました。

I went to a shop to buy flowers.

左ページの答　①副詞的　②形容詞的　③名詞的

51

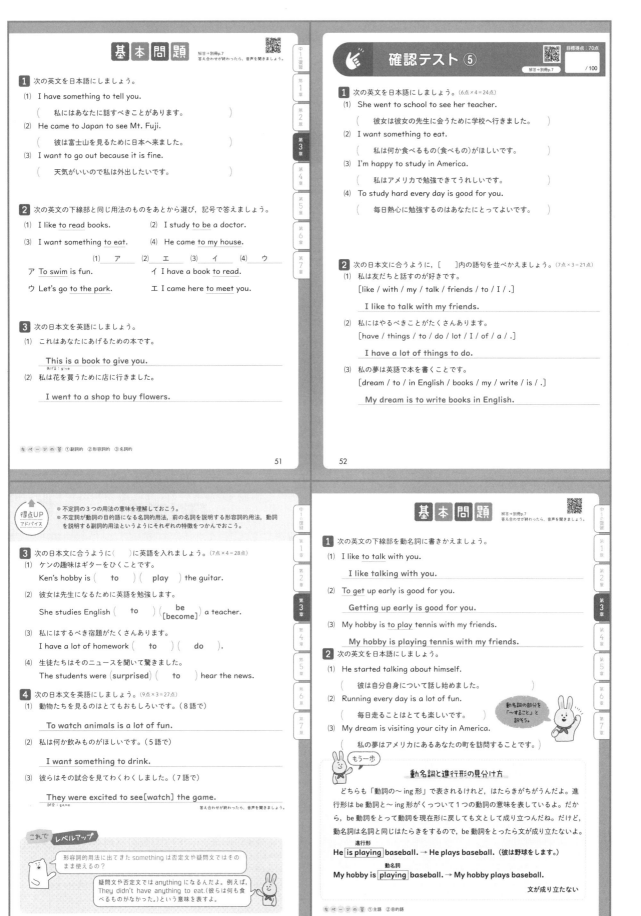

確認テスト ⑤

目標得点：70点

解答→別冊p.7

/ 100

1 次の英文を日本語にしましょう。（6点×4=24点）

(1) She went to school to see her teacher.

（　　彼女は彼女の先生に会うために学校へ行きました。　　）

(2) I want something to eat.

（　　私は何か食べるもの（食べもの）がほしいです。　　）

(3) I'm happy to study in America.

（　　私はアメリカで勉強できてうれしいです。　　）

(4) To study hard every day is good for you.

（　　毎日熱心に勉強するのはあなたにとってよいです。　　）

2 次の日本文に合うように、[　　]内の語句を並べかえましょう。（7点×3=21点）

(1) 私は友だちと話すのが好きです。

[like / with / my / talk / friends / to / I / .]

I like to talk with my friends.

(2) 私にはやるべきことがたくさんあります。

[have / things / to / do / lot / I / of / a / .]

I have a lot of things to do.

(3) 私の夢は英語で本を書くことです。

[dream / to / in English / books / my / write / is / .]

My dream is to write books in English.

52

得点UP
アドバイス

※ 不定詞の3つの用法の意味を理解しておこう。
※ 不定詞が動詞の目的語になる名詞的用法、前の名詞を説明する形容詞的用法、動詞を説明する副詞的用法というようにそれぞれの特徴をつかんでおこう。

3 次の日本文に合うように（　　）に英語を入れましょう。（7点×4=28点）

(1) ケンの趣味はギターをひくことです。

Ken's hobby is （ to ）（ play ）the guitar.

(2) 彼女は先生になるために英語を勉強します。

She studies English （ to ）（ be [become] ）a teacher.

(3) 私にはするべき宿題がたくさんあります。

I have a lot of homework （ to ）（ do ）.

(4) 生徒たちはそのニュースを聞いて驚きました。

The students were （ surprised ）（ to ）hear the news.

4 次の日本文を英語にしましょう。（9点×3=27点）

(1) 動物たちを見るのはとてもおもしろいです。（8語で）

To watch animals is a lot of fun.

(2) 私は何か飲みものがほしいです。（5語で）

I want something to drink.

(3) 彼らはその試合を見てわくわくしました。（7語で）

They were excited to see[watch] the game.
試合：game

答え合わせが終わったら、音声を聞きましょう。

これで　レベルアップ

形容詞的用法に出てきた something は否定文や疑問文ではそのまま使えるの？

疑問文や否定文では anything になるんだよ。例えば、They didn't have anything to eat.（彼らは何も食べるものがなかった。）という意味を表すよ。

53

基本問題

解答→別冊p.7
答え合わせが終わったら、音声を聞きましょう。

1 次の英文の下線部を動名詞に書きかえましょう。

(1) I like to talk with you.

I like talking with you.

(2) To get up early is good for you.

Getting up early is good for you.

(3) My hobby is to play tennis with my friends.

My hobby is playing tennis with my friends.

2 次の英文を日本語にしましょう。

(1) He started talking about himself.

（　　彼は自分自身について話し始めました。　　）

(2) Running every day is a lot of fun.

（　　毎日走ることはとても楽しいです。　　）

動名詞の部分を「～すること」と訳そう。

(3) My dream is visiting your city in America.

（　　私の夢はアメリカにあるあなたの町を訪問することです。　　）

もう一歩

動名詞と進行形の見分け方

どちらも「動詞の～ing形」で表されるけれど、はたらきがちがうんだよ。進行形は be 動詞と～ing形がくっついて1つの動詞の意味を表しているよ。だから、be 動詞をとって動詞を現在形に戻しても文として成り立つんだね。だけど、動名詞は名詞と同じはたらきをするので、be 動詞をとったら文が成り立たないよ。

進行形
He is playing baseball. → He plays baseball.（彼は野球をします。）

動名詞
My hobby is playing baseball. → My hobby plays baseball.

文が成り立たない

左ページの答　①主語　②目的語

55

解答●7

基本問題

解答 →別冊 p.8
答え合わせが終わったら、音声を聞きましょう。

1 次の日本文に合うように、（　　）内から正しいものを選びましょう。

(1) 私は音楽を聞いて楽しみます。
I enjoy (listen / to listen / (listening)) to music.

(2) 姉は宿題をし終えました。
My sister finished (do / to do / (doing)) her homework.

(3) 彼はテレビを見るのをやめました。
He stopped (watch / to watch / (watching)) TV.

2 次の英文の誤りを直して正しく書きかえましょう。

I want swimming in summer.

　I want to swim in summer.

3 次の日本文を英語にしましょう。

そのとき雨がやみました。

 主語は it になるよ。

　It stopped raining at that time[then].

 もう一歩

stop は特別な動詞

「〜することをやめる」というときは、stop のあとに動名詞しか使えないよね。しかし、stop to do 〜という表現のしかたもあるんだ。この to do は不定詞の副詞的用法になるので、「〜するために立ち止まる」という意味になるよ。
Kumi stopped to talk with her friends.

（クミは友だちとしゃべるために立ち止まりました。）

左 ペ ー ジ の 答 ①enjoy ②finish ③stop

57

確認テスト ⑥

目標得点：70点
解答 →別冊 p.8

／100

1 次の日本文に合うように、（　　）内から正しいものを選びましょう。
(8点×4＝32点)

(1) 私はあなたといっしょに歩くのが好きです。
I like (walk / (walking) / walked) with you.

(2) 私の仕事は父の車を洗うことです。
My work is (wash / washed / (washing)) my father's car.

(3) 私たちはテレビを見て楽しみました。
We enjoyed (to watch / (watching) / watch) TV.

(4) 彼は話すのをやめました。
He stopped (to talk / and talked / (talking)).

2 次の英文を日本語にしましょう。(9点×3＝27点)

(1) My mother finished reading a book.
（　　私の母は本を読み終えました。　　）

(2) My sister started cleaning the room.
（　　私の姉[妹]は部屋をそうじし始めました。　　）

(3) Let's sit and enjoy watching the game.
（　　座って、試合を見て楽しみましょう。　　）

58

得点UP アドバイス
◎ 動名詞が主語になると、単数としてあつかうよ。
◎ 動名詞は進行形で使う ing 形とは意味も用法も異なるので、注意してね。
◎ enjoy、finish などの後ろには動名詞しかこないよ。

3 次の日本文に合うように、英文の誤りを直して正しく書きかえましょう。
(7点×2＝14点)

(1) 私たちは互いに話し合うのをやめました。
We stopped to talking with each other.

　We stopped talking with each other.

(2) 切手を集めることはおもしろい。
Collects stamps is interesting.

　Collecting[To collect] stamps is interesting.

4 次の日本文に合うように、[　　]内の単語を並べかえましょう。(9点×3＝27点)

(1) 英語を上手に話すのは簡単ではありません。
[is / speaking / not / English / easy / well / .]

　Speaking English well is not easy.

(2) 彼の趣味は音楽を聞くことです。
[to / hobby / is / his / listening / music / .]

　His hobby is listening to music.

(3) 彼はバスのほうに走り始めました。
[started / bus / he / the / running / to / .]

　He started running to the bus.

答え合わせが終わったら、音声を聞きましょう。

これで レベルアップ

目的語が不定詞か動名詞かで意味が異なるものはほかにもあるの？

remember は remember to 動詞の原形で「（これから）〜することを忘れずにいる」、remember 〜 ing で「（過去に）〜したことを覚えている」という意味になるよ。

59

基本問題

解答 →別冊 p.8
答え合わせが終わったら、音声を聞きましょう。

1 次の英文を日本語にしましょう。

(1) You must go home early.
（　　あなたは早く家に帰らなければなりません。　　）

(2) She must help her mother at home.
（　　彼女は家でお母さんを手伝わなければなりません。　　）

(3) We must not speak Japanese in this class.
（　　私たちはこの授業では日本語を話してはいけません。　　）

2 次の英文を must を使った文に書きかえましょう。

(1) We learn many English words.

　We must learn many English words.

(2) Emi's brother studies math after dinner.

　Emi's brother must study math after dinner.

3 次の日本文を英語にしましょう。

あなたはこの本をよく読まなければなりません。

　You must read this book well.
　　よく：well

 もう一歩

You must not 〜. と否定の命令文

you が主語の must not[mustn't]の文は、Don't 〜.（否定の命令文）の形に書きかえることができるよ。
You must not use your computer.
＝Don't use your computer.　　（コンピュータを使ってはいけません。）

左 ペ ー ジ の 答 動詞の原形

61

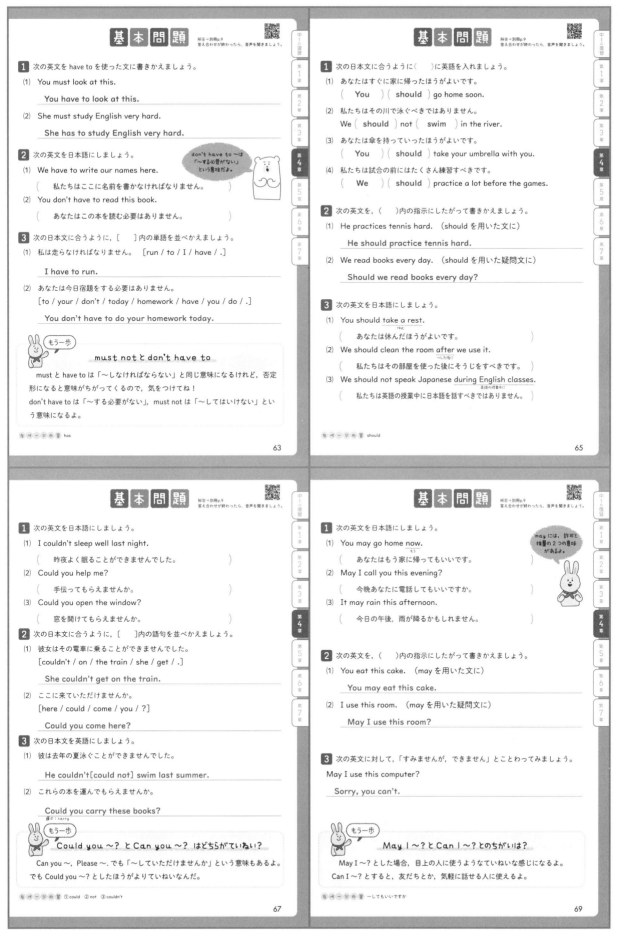

基本問題 [解答→別冊p.9 答え合わせが終わったら、音声を聞きましょう。]

63ページ

1 次の英文を have to を使った文に書きかえましょう。

(1) You must look at this.

　　You have to look at this.

(2) She must study English very hard.

　　She has to study English very hard.

2 次の英文を日本語にしましょう。

> don't have to ～は「～する必要がない」という意味だよ。

(1) We have to write our names here.

　（　私たちはここに名前を書かなければなりません。　）

(2) You don't have to read this book.

　（　あなたはこの本を読む必要はありません。　）

3 次の日本文に合うように、[　]内の単語を並べかえましょう。

(1) 私は走らなければなりません。 [run / to / I / have / .]

　　I have to run.

(2) あなたは今日宿題をする必要はありません。

[to / your / don't / today / homework / have / you / do / .]

　　You don't have to do your homework today.

もう一歩

must not と don't have to

must と have to は「～しなければならない」と同じ意味になるけれど、否定形になると意味がちがってくるので、気をつけてね！
don't have to は「～する必要がない」、must not は「～してはいけない」という意味になるよ。

65ページ

1 次の日本文に合うように（　）に英語を入れましょう。

(1) あなたはすぐに家に帰ったほうがよいです。

　（　You　）（　should　）go home soon.

(2) 私たちはその川で泳ぐべきではありません。

　We（　should　）not（　swim　）in the river.

(3) あなたは傘を持っていったほうがよいです。

　（　You　）（　should　）take your umbrella with you.

(4) 私たちは試合の前にはたくさん練習すべきです。

　（　We　）（　should　）practice a lot before the games.

2 次の英文を、（　）内の指示にしたがって書きかえましょう。

(1) He practices tennis hard. （should を用いた文に）

　　He should practice tennis hard.

(2) We read books every day. （should を用いた疑問文に）

　　Should we read books every day?

3 次の英文を日本語にしましょう。

(1) You should take a rest.

　（　あなたは休んだほうがよいです。　）

(2) We should clean the room after we use it.

　（　私たちはその部屋を使った後にそうじをすべきです。　）

(3) We should not speak Japanese during English classes.

　（　私たちは英語の授業中に日本語を話すべきではありません。　）

67ページ

1 次の英文を日本語にしましょう。

(1) I couldn't sleep well last night.

　（　昨夜よく眠ることができませんでした。　）

(2) Could you help me?

　（　手伝ってもらえませんか。　）

(3) Could you open the window?

　（　窓を開けてもらえませんか。　）

2 次の日本文に合うように、[　]内の語句を並べかえましょう。

(1) 彼女はその電車に乗ることができませんでした。

[couldn't / on / the train / she / get / .]

　　She couldn't get on the train.

(2) ここに来ていただけませんか。

[here / could / come / you / ?]

　　Could you come here?

3 次の日本文を英語にしましょう。

(1) 彼は去年の夏泳ぐことができませんでした。

　　He couldn't[could not] swim last summer.

(2) これらの本を運んでもらえませんか。

　　Could you carry these books?

もう一歩

Could you ～? と Can you ～? はどちらがていねい？

Can you ～, Please ～. でも「～していただけませんか」という意味もあるよ。
でも Could you ～? としたほうがよりていねいなんだ。

69ページ

1 次の英文を日本語にしましょう。

> may には、許可と推量の2つの意味があるよ。

(1) You may go home now.

　（　あなたはもう家に帰ってもいいです。　）

(2) May I call you this evening?

　（　今晩あなたに電話してもいいですか。　）

(3) It may rain this afternoon.

　（　今日の午後、雨が降るかもしれません。　）

2 次の英文を、（　）内の指示にしたがって書きかえましょう。

(1) You eat this cake. （may を用いた文に）

　　You may eat this cake.

(2) I use this room. （may を用いた疑問文に）

　　May I use this room?

3 次の英文に対して、「すみませんが、できません」とことわってみましょう。

May I use this computer?

　　Sorry, you can't.

もう一歩

May I ～? と Can I ～? とのちがいは？

May I ～? とした場合、目上の人に使うようなていねいな感じになるよ。
Can I ～? とすると、友だちとか、気軽に話せる人に使えるよ。

確認テスト ⑦

目標得点：70点
解答→別冊p.10
/100

1 次の英文を日本語にしましょう。(7点×4＝28点)

(1) You must read this book.

（ あなたはこの本を読まなければなりません。 ）

(2) You don't have to answer the question.

（ あなたはその質問に答える必要はありません。 ）

(3) Could you open the door for me?

（ 私のためにそのドアを開けてくださいませんか。 ）

(4) May I go to your house today?

（ 今日あなたの家に行ってもいいですか。 ）

2 次の英文を，( )内の指示にしたがって書きかえましょう。(8点×4＝32点)

(1) We must study English hard. （have to を用いて）

We have to study English hard.

(2) You must not come to my room. （同じ意味の命令文に）

Don't come to my room.

(3) I cannot help my mother. （過去形に）

I could not[couldn't] help my mother.

(4) I have to close all the windows at night. （主語を he に）

He has to close all the windows at night.

得点UP アドバイス

● have[has] to と must はほぼ同じ意味を表すよ。「～しなければならなかった」と過去形にするときは had to になるよ。
● You must not[mustn't] の文と Don't ～. の文（否定の命令文）は，ほぼ同じ意味になるよ。

3 次の日本文に合うように，[ ]内の単語を並べかえましょう。(8点×2＝16点)

(1) あなたはお父さんを手伝うべきです。

[your / you / help / should / father / .]

You should help your father.

(2) 私は昨年京都を訪問しなければなりませんでした。

[visit / year / I / Kyoto / to / last / had / .]

I had to visit Kyoto last year.

4 次の日本文を英語にしましょう。(8点×3＝24点)

(1) この辞書を使ってもいいですか。

May I use this dictionary?

(2) 私は昨日彼に会うことができませんでした。

I couldn't[could not] see[meet] him yesterday.

(3) 今日私たちは学校へ早く行くべきです。

We should go to school early today.

答え合わせが終わったら，音声を聞きましょう。

これで レベルアップ

must の疑問文（～しなければなりませんか）の答え方は？

Yes や No を使って答えるよ。だけど，「いいえ」と答えるときは，No, you mustn't. ではなく，No, you don't have to.（いいえ，しなくてもよいです）となるので気をつけて！

基本問題

解答→別冊p.10
答え合わせが終わったら，音声を聞きましょう。

1 次の形容詞の比較級を書きましょう。

(1) small - (smaller)　　(2) easy - (easier)

(3) hot - (hotter)　　(4) large - (larger)

2 次の日本文に合うように( )に英語を入れましょう。

(1) このペンはあのペンより長いです。

This pen is (longer) (than) that pen.
└→～より

(2) タケシはトモミより早く帰宅しました。

Takeshi came home (earlier) (than) Tomomi.

(3) 彼の家は私の家よりずっと大きいです。

His house is much (bigger) (than) mine.
　　　　　　　　　ずっと

mine は my house を表しているよ。

3 次の日本文に合うように，[ ]内の単語を並べかえましょう。

(1) 彼は彼の父より背が高いです。

[his / than / he / father / taller / is / .]

He is taller than his father.

(2) あなたは私の妹よりはやく走ることができます。

[sister / faster / you / than / can / my / run / .]

You can run faster than my sister.

左ページの答 ①er ②than

基本問題

解答→別冊p.10
答え合わせが終わったら，音声を聞きましょう。

1 次の形容詞，副詞の最上級を書きましょう。

(1) fast - (fastest)　　(2) easy - (easiest)

(3) hot - (hottest)　　(4) large - (largest)

2 次の日本文に合うように( )に英語を入れましょう。

(1) このペンはすべての中でいちばん長いです。

This pen is (the) (longest) (of) all.

(2) 彼は私のクラスの中でいちばんはやく走ります。

He runs (the) (fastest) (in) my class.

(3) トムは男の子たちの中でいちばん背が高いです。

Tom is (the) (tallest) (of) the boys.

(4) あの家はこの町の中でいちばん大きいです。

That house is (the) (biggest) (in) this town.

〈the＋最上級＋of か in〉という形になるよ。

3 次の日本文に合うように，[ ]内の単語を並べかえましょう。

(1) これがいちばん高い木です。

[tree / is / the / tallest / this / .]

This is the tallest tree.

(2) これが全部の中でいちばんやさしい問題です。

[of / is / easiest / this / the / question / all / .]
　　　　　　　　　　　　　　　　　問題

This is the easiest question of all.

左ページの答 ①est ②of

解答●10

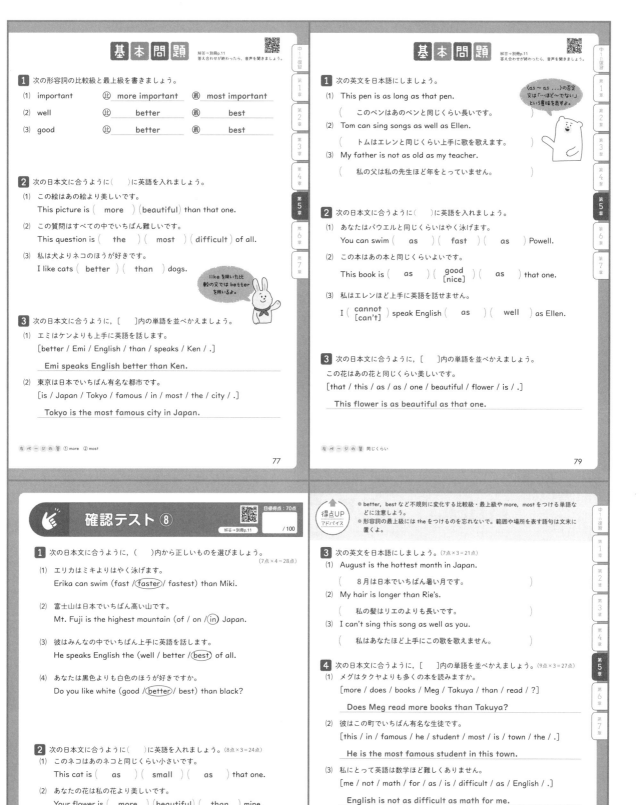

基本問題

解答→別冊p.11
答え合わせが終わったら、音声を聞きましょう。

1 次の形容詞の比較級と最上級を書きましょう。

		比		最	
(1)	important		more important		most important
(2)	well		better		best
(3)	good		better		best

2 次の日本文に合うように（　）に英語を入れましょう。

(1) この絵はあの絵より美しいです。
This picture is (more) (beautiful) than that one.

(2) この質問はすべての中でいちばん難しいです。
This question is (the) (most) (difficult) of all.

(3) 私は犬よりネコのほうが好きです。
I like cats (better) (than) dogs.

like を用いた比較の文では better を用いるよ。

3 次の日本文に合うように、[　]内の単語を並べかえましょう。

(1) エミはケンよりも上手に英語を話します。
[better / Emi / English / than / speaks / Ken / .]
　Emi speaks English better than Ken.

(2) 東京は日本でいちばん有名な都市です。
[is / Japan / Tokyo / famous / in / most / the / city / .]
　Tokyo is the most famous city in Japan.

左ページの答 ①more ②most

77

基本問題

解答→別冊p.11
答え合わせが終わったら、音声を聞きましょう。

1 次の英文を日本語にしましょう。

〈as ～ as ...〉の否定文は「…ほど～でない」という意味を表すよ。

(1) This pen is as long as that pen.
（　このペンはあのペンと同じくらい長いです。　）

(2) Tom can sing songs as well as Ellen.
（　トムはエレンと同じくらい上手に歌を歌えます。　）

(3) My father is not as old as my teacher.
（　私の父は私の先生ほど年をとっていません。　）

2 次の日本文に合うように（　）に英語を入れましょう。

(1) あなたはパウエルと同じくらいはやく泳げます。
You can swim (as) (fast) (as) Powell.

(2) この本はあの本と同じくらいよいです。
This book is (as) (good [nice]) (as) that one.

(3) 私はエレンほど上手に英語を話せません。
I (cannot [can't]) speak English (as) (well) as Ellen.

3 次の日本文に合うように、[　]内の単語を並べかえましょう。

この花はあの花と同じくらい美しいです。
[that / this / as / as / one / beautiful / flower / is / .]
　This flower is as beautiful as that one.

左ページの答 同じくらい

79

確認テスト ⑧

目標得点：70点
解答→別冊p.11
／100

1 次の日本文に合うように、（　）内から正しいものを選びましょう。
(7点×4＝28点)

(1) エリカはミキよりはやく泳げます。
Erika can swim (fast /(faster)/ fastest) than Miki.

(2) 富士山は日本でいちばん高い山です。
Mt. Fuji is the highest mountain (of / on /(in)) Japan.

(3) 彼はみんなの中でいちばん上手に英語を話します。
He speaks English the (well / better /(best)) of all.

(4) あなたは黒色よりも白色のほうが好きですか。
Do you like white (good /(better)/ best) than black?

2 次の日本文に合うように（　）に英語を入れましょう。(8点×3＝24点)

(1) このネコはあのネコと同じくらい小さいです。
This cat is (as) (small) (as) that one.

(2) あなたの花は私の花より美しいです。
Your flower is (more) (beautiful) (than) mine.

(3) 日本はオーストラリアほど大きくありません。
Japan is (not) (as) (large [big]) (as)
Australia.

80

得点UP アドバイス
※ better, best など不規則に変化する比較級・最上級や more, most をつける単語などに注意しよう。
※ 形容詞の最上級には the をつけるのを忘れないで。範囲や場所を表す語句は文末に置くよう。

3 次の英文を日本語にしましょう。(7点×3＝21点)

(1) August is the hottest month in Japan.
（　8月は日本でいちばん暑い月です。　）

(2) My hair is longer than Rie's.
（　私の髪はリエのよりも長いです。　）

(3) I can't sing this song as well as you.
（　私はあなたほど上手にこの歌を歌えません。　）

4 次の日本文に合うように、[　]内の単語を並べかえましょう。(9点×3＝27点)

(1) メグはタクヤよりも多くの本を読みますか。
[more / does / books / Meg / Takuya / than / read / ?]
　Does Meg read more books than Takuya?

(2) 彼はこの町でいちばん有名な生徒です。
[this / in / famous / he / student / most / is / town / the / .]
　He is the most famous student in this town.

(3) 私にとって英語は数学ほど難しくありません。
[me / not / math / for / as / is / difficult / as / English / .]
　English is not as difficult as math for me.

答え合わせが終わったら、音声を聞きましょう。

これで **レベルアップ**

much や many の比較級や最上級を教えて。

much（量が多い）, many（数が多い）の比較級と最上級は、more, most になるよ。

81

基本問題

解答→別冊p.12
答え合わせが終わったら、音声を聞きましょう。

1 次の動詞の過去分詞を書きましょう。

(1) study –(studied)　(2) write –(written)

(3) make –(made)　(4) put –(put)

2 次の英文を日本語にしましょう。

(1) English is studied in many countries.

（　英語は多くの国々で学ばれています。　）

(2) This letter was written last night.

（　この手紙は昨夜書かれました。　）

3 次の日本文に合うように（　）に英語を入れましょう。

(1) 京都は古い都市として知られています。

Kyoto（ is ）（ known ）as an old city.

(2) コンピュータは私の部屋で使われました。

The computer（ was ）（ used ）in my room.

(3) この絵はアメリカでかかれました。

This picture（ was ）（ drawn ）in America.

be 動詞によって時制が決まるよ。

もう一歩

助動詞を使った受け身の文

受け身の文でも助動詞(can, must, will など)を使うことができるよ。〈助動詞＋be＋過去分詞〉の形になることに注意しよう。

Many stars can be seen here at night.（夜には多くの星がここで見られます。）

左ページの答 ①be 動詞 ②過去分詞 ③be 動詞

83

基本問題

解答→別冊p.12
答え合わせが終わったら、音声を聞きましょう。

1 次の英文を日本語にしましょう。

(1) This bag was made by my mother.

（　このカバンは私の母によって作られました。　）

(2) English is spoken in many countries.

（　英語は多くの国々で話されています。　）

2 次の英文を受け身の文に書きかえましょう。

we, you, they などの主語は省略されるよ。

(1) He writes many letters every day.

Many letters are written by him every day.

(2) They open this shop at ten in the morning.

This shop is opened at ten in the morning.

3 次の日本文に合うように、[　]内の単語を並べかえましょう。

(1) 春には多くの花が見られます。

[seen / are / spring / flowers / in / many / .]

Many flowers are seen in spring.

(2) オーストラリアでは日本語が学ばれます。

[is / in / Australia / studied / Japanese / .]

Japanese is studied in Australia.

もう一歩

by 以外を使う受け身形

by のほかに、to、with、from などを使って表す受け身形もあるよ。

The roof is covered with snow.（屋根は雪でおおわれています。）

Einstein is known to all over the world.

（アインシュタインは世界中に知られています。）

Wine is made from grapes.（ワインはぶどうから作られます。）

左ページの答 by

85

基本問題

解答→別冊p.12
答え合わせが終わったら、音声を聞きましょう。

1 次の英文を日本語にしましょう。

(1) This car is not used now.

（　この車は今は使われていません。　）

(2) Was this picture drawn by her?

（　この絵は彼女によってかかれましたか。　）

2 次の日本文に合うように（　）に英語を入れましょう。

主語と時制を考えてbe動詞を選ぼう。

(1) このカバンは彼女によって見つけられましたか。

（ Was ）this bag（ found ）by her?

(2) その歌は生徒たちによって歌われませんでした。

The song（ wasn't ）（ sung ）by the students.

(3) この店では本は売られていません。

Books（ aren't ）（ sold ）at this shop.

3 次の英文を受け身の文に書きかえましょう。

People don't speak Japanese in the country.

Japanese is not[isn't] spoken in the country.

もう一歩

よく見かける受け身の語句

Made in Japan（日本で作られた→日本製）

closed（閉店された→閉店）

sold out（売りつくされた→売り切れ）

これらの語句の主語には、製品やお店、商品などがくるよ。これらを補ってみると、なぜ受け身になっているのかがわかるよ。

左ページの答 ①～されますか ②be 動詞 ③過去分詞

87

基本問題

解答→別冊p.12
答え合わせが終わったら、音声を聞きましょう。

1 次の英文を受け身の文に書きかえましょう。

(1) He read the letter yesterday.

The letter was read by him yesterday.

(2) Does she use this computer every day?

Is this computer used by her every day?

(3) We didn't see the stars last night.

The stars weren't[were not] seen last night.

2 次の英文を日本語にしましょう。

be 動詞から過去か現在かを判断してね。

(1) We were not invited to Tom's house last week.
invite:招待する

（　先週私たちはトムの家に招待されませんでした。　）

(2) Are many cars made in Japan every year?

（　日本では毎年多くの車が作られますか。　）

3 次の日本文に合うように、[　]内の単語を並べかえましょう。

水が人々のところに運ばれました。

[to / water / people / brought / the / was / .]

Water was brought to the people.

もう一歩

「～される」と訳さない受け身形

「～される」と訳すと不自然な日本語になるので、「～する」という受け身形があるよ。

He was surprised at the information.（彼はその情報に驚いた）

The children were excited about the plan.（子どもたちはその計画に興奮した）

I am interested in the music.（私はその音楽に興味がある）

左ページの答 ①動詞 ②be 動詞 ③過去分詞

89

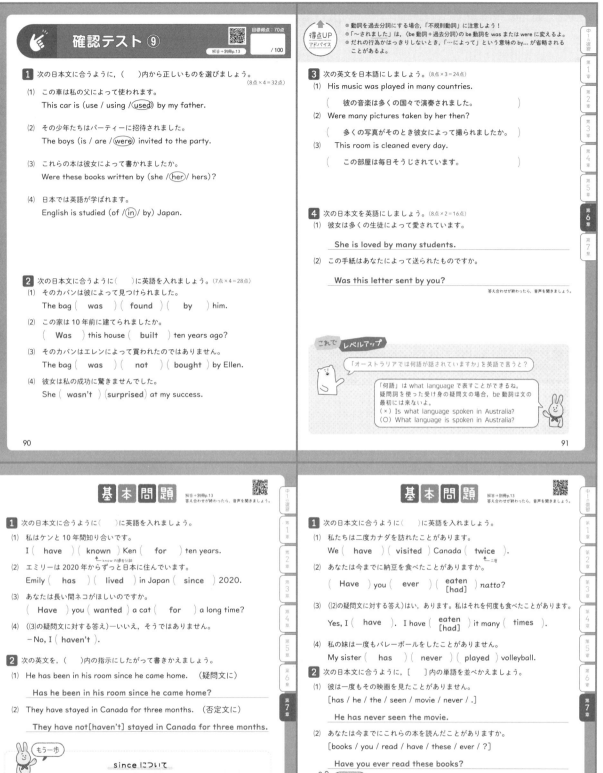

確認テスト ⑨

目標得点：70点
解答→別冊p.13
/ 100

1 次の日本文に合うように、（　）内から正しいものを選びましょう。 (8点×4＝32点)

(1) この車は私の父によって使われます。
This car is (use / using / used) by my father.

(2) その少年たちはパーティーに招待されました。
The boys (is / are / were) invited to the party.

(3) これらの本は彼女によって書かれましたか。
Were these books written by (she / her / hers)?

(4) 日本では英語が学ばれます。
English is studied (of / in / by) Japan.

2 次の日本文に合うように（　）に英語を入れましょう。 (7点×4＝28点)

(1) そのカバンは彼によって見つけられました。
The bag (was) (found) (by) him.

(2) この家は10年前に建てられましたか。
(Was) this house (built) ten years ago?

(3) そのカバンはエレンによって買われたのではありません。
The bag (was) (not) (bought) by Ellen.

(4) 彼女は私の成功に驚きませんでした。
She (wasn't) (surprised) at my success.

90

◎ 動詞を過去分詞にする場合、「不規則動詞」に注意しよう！
◎「～されました」は、〈be動詞＋過去分詞〉の be動詞を was または were に変えるよ。
◎ だれの行為かはっきりしないとき、「…によって」という意味の by... が省略されることがあるよ。

得点UP アドバイス

3 次の英文を日本語にしましょう。 (8点×3＝24点)

(1) His music was played in many countries.
（　　彼の音楽は多くの国々で演奏されました。　　）

(2) Were many pictures taken by her then?
（　　多くの写真がそのとき彼女によって撮られましたか。　　）

(3) This room is cleaned every day.
（　　この部屋は毎日そうじされています。　　）

4 次の日本文を英語にしましょう。 (8点×2＝16点)

(1) 彼女は多くの生徒によって愛されています。
She is loved by many students.

(2) この手紙はあなたによって送られたものですか。
Was this letter sent by you?

答え合わせが終わったら、音声を聞きましょう。

これで レベルアップ

「オーストラリアでは何語が話されていますか」を英語で言うと？

「何語」は what language で表すことができるね。
疑問詞を使った受け身の疑問文の場合、be 動詞は文の最初には来ないよ。
(×) Is what language spoken in Australia?
(○) What language is spoken in Australia?

91

基本問題

解答→別冊p.13
答え合わせが終わったら、音声を聞きましょう。

1 次の日本文に合うように（　）に英語を入れましょう。

(1) 私はケンと10年間知り合いです。
I (have) (known) Ken (for) ten years.
　　　　　　 know の過去分詞

(2) エミリーは2020年からずっと日本に住んでいます。
Emily (has) (lived) in Japan (since) 2020.

(3) あなたは長い間ネコがほしいのですか。
(Have) you (wanted) a cat (for) a long time?

(4) ((3)の疑問文に対する答え)―いいえ、そうではありません。
― No, I (haven't).

2 次の英文を、（　）内の指示にしたがって書きかえましょう。

(1) He has been in his room since he came home. （疑問文に）
Has he been in his room since he came home?

(2) They have stayed in Canada for three months. （否定文に）
They have not[haven't] stayed in Canada for three months.

もう一歩

since について

since のあとは語句を置いて「～から、～以来」と表したり、〈主語＋動詞～〉の文を置いて「～してから、～して以来」と表したりすることができるよ。

She has been in Tokyo since last year.
　　　　　　　　　　　since＋語句

（彼女は去年からずっと東京にいます。）

She has been in Tokyo since she was five years old.
　　　　　　　　　　　since＋主語＋動詞

（彼女は5歳のときからずっと東京にいます。）

左ページの答　①have[has]　②since　③for

93

基本問題

解答→別冊p.13
答え合わせが終わったら、音声を聞きましょう。

1 次の日本文に合うように（　）に英語を入れましょう。

(1) 私たちは二度カナダを訪れたことがあります。
We (have) (visited) Canada (twice).
　　　　　　　　　　　　　　　　　二度

(2) あなたは今までに納豆を食べたことがありますか。
(Have) you (ever) (eaten [had]) natto?

(3) ((2)の疑問文に対する答え)はい、あります。私はそれを何度も食べたことがあります。
Yes, I (have). I have (eaten [had]) it many (times).

(4) 私の妹は一度もバレーボールをしたことがありません。
My sister (has) (never) (played) volleyball.

2 次の日本文に合うように、[　]内の単語を並べかえましょう。

(1) 彼は一度もその映画を見たことがありません。
[has / he / the / seen / movie / never / .]
He has never seen the movie.

(2) あなたは今までにこれらの本を読んだことがありますか。
[books / you / read / have / these / ever / ?]
Have you ever read these books?

もう一歩

「～に行ったことがある」

「～に行ったことがある」と言うときは、have[has] been to ～で表すよ。

○ She has been to Tokyo once. （彼女は東京に一度行ったことがあります。）
be 動詞の過去分詞の been を使うよ。

× She has gone to Tokyo.
go の過去分詞の gone は使えないよ。

左ページの答　before

95

解答●13

1 次の日本文に合うように（　）に英語を入れましょう。

(1) コンサートがちょうど始まったところです。
The concert (has) (just) started.

(2) あなたはもう駅に着いていますか。
(Have) you arrived at the station (yet)?

(3) （(2)の疑問文に対する答え）はい、着いています。私はすでにそこに着いています。
Yes, I (have). I have (already) arrived there.

(4) 彼はまだ部屋をそうじしていません。
He has (not) cleaned his room (yet).

2 次の日本文に合うように、[　]内の単語を並べかえましょう。

(1) 私はすでにその本を読みました。
[read / already / the book / have / I / .]

　I have already read the book.

(2) あなたはもうお皿を洗いましたか。
[you / yet / the dishes / washed / have / ?]

　Have you washed the dishes yet?

もう一歩

「完了」の疑問文の答え方

「完了」の疑問文に No で答えるときは、No, I have not[haven't]. の代わりに No, not yet. と答えることもできるよ。

Have you seen the movie yet?（もうその映画を見ましたか。）

—No, not yet.（いいえ、まだです。）

not yet は、I have not seen the movie yet. を省略したものだよ。

---

1 次の日本文に合うように（　）に英語を入れましょう。

(1) エリックは何回あのレストランへ行ったことがありますか。
How (many) (times) has Eric been to that restaurant?

(2) （(1)の疑問文に対する答え）5回あります。
(Five) (times).

(3) あなたのお父さんはどのくらい長く日本で働いていますか。
(How) (long) has your father worked in Japan?

(4) （(3)の疑問文に対する答え）23歳のときからです。
(Since) (he) was twenty three years old.

2 次の日本文に合うように、[　]内の単語を並べかえましょう。

(1) その歌手はどのくらい長く人気がありますか。
[has / popular / long / the singer / been / how / ?]

　How long has the singer been popular?

(2) あなたは何回沖縄を訪れたことがありますか。
[you / times / have / Okinawa / how / visited / many / ?]

　How many times have you visited Okinawa?

もう一歩

過去を表す語句は使えない？

現在完了の文で、yesterday や last 〜、〜 ago など過去を表す語句は使えないよ。ただし、since の後に過去を表す語句を置けば「〜から、〜以来」の意味で使えるよ。since 〜 ago とはできないので注意しよう。

〈昨日から病気〉　　○ I have been sick since yesterday.

　　　　　　　　　× I have been sick yesterday.

〈3年前からの知り合い〉　○ I have known him for three years.

　　　　　　　　　× I have known him since three years ago.

確認テスト ⑩

目標得点：70点
解答→別冊p.14
／100

1 次の日本文に合うように（　）に英語を入れましょう。(7点×4＝28点)

(1) あなたは今までにその公園へ行ったことがありますか。
(Have) you (ever) been to the park (before)?

(2) 彼女はその歌を一度も聞いたことがありません。
She (has) (never) (listened) to the song.

(3) 私たちはすでに宿題を終えました。
We (have) (already) (finished) our homework.

(4) あの博物館に何回訪れたことがありますか。
(How) (many) (times) have you visited that museum?

2 次の英文を日本語にしましょう。(7点×4＝28点)

(1) I've just arrived at the station.
（　私はちょうど駅に着いたところです。　）

(2) How long have you studied English?
（　あなたはどのくらい長く英語を勉強していますか。　）

(3) She has met my sister once.
（　彼女は一度私の姉[妹]に会ったことがあります。　）

(4) Have you written a report yet?
（　あなたはもうレポートを書きましたか。　）

得点UP アドバイス

●「継続」の文では、for 〜「〜の間」や since 〜「〜から、〜以来」などが、よく使われるよ。
●「経験」の否定文では、not のかわりに「一度も〜ない」という意味の never をよく使うよ。
●「完了」の否定文と疑問文で yet が使われ、文の最後に置かれるよ。

3 次の日本文に合うように、[　]内の単語を並べかえましょう。(7点×4＝28点)

(1) 私たちは10歳のときからお互いをずっと知っています。
[were / years old / known / we / we / each other / ten / have / since / .]

　We have known each other since we were ten years old.

(2) 彼はまだピアノを練習していません。
[not / he / yet / the piano / has / practiced / .]

　He has not practiced the piano yet.

(3) あなたは長い間アメリカに住んでいますか。
[for / lived / you / a long / have / in / time / the U.S. / ?]

　Have you lived in the U.S. for a long time?

(4) 彼らは私たちの新しい先生と3回話したことがあります。
[three / have / our / times / new teacher / they / talked with / .]

　They have talked with our new teacher three times.

4 次の日本文を英語にしましょう。(8点×2＝16点)

(1) 私たちはすでに私たちの教室をそうじしました。

　We have already cleaned our classroom.

(2) あなたは今までにその本を読んだことがありますか。—はい、あります。

　Have you (ever) read the book before?　Yes, I have.

答え合わせが終わったら、音声を聞きましょう。

1 道案内

大切な表現

Could you tell me how to [How can I] get to City Hall? (市役所へどうやって行くか教えてくださいませんか。)	道順をたずねるときに用いる表現
Which bus goes to City Hall? (どのバスが市役所へ行きますか。)	どのバスが目的地に着くかを相手にたずねるときに用いる表現
Take Bus No. 3. (3番のバスに乗ってください。)	乗るべきバスを相手に教えるときに用いる表現
Where should I get off? (私はどこで降りたらいいでしょうか。)	バスを降りるべき場所を相手にたずねるときに用いる表現
How long does it take? (そこまでどのくらいかかりますか。)	目的地まで行くのにかかる時間を相手にたずねるときに用いる表現
I think it takes about ten minutes. (10分くらいかかると思います。)	目的地まで行くのにかかる時間を相手に教えるときに用いる表現

◎ 次のような場面ではどのようにいいますか。表現を完成させましょう。

(1) 駅までの道順をたずねるとき。

　　Could you tell me how to[How can I] get to the station?

(2) 5番のバスに乗るように教えるとき。

　　Take Bus No. 5.

(3) どこで降りたらいいのかたずねるとき。

　　Where should I get off?

(4) 目的地に行くのにどのくらい時間がかかるかとたずねるとき。

　　How long does it take?

(5) 20分ぐらいかかると思うと答えるとき。

　　I think it takes about twenty minutes.

答え合わせが終わったら、音声を聞きましょう。

---

2 電話での応答

大切な表現

Hello. (もしもし。)	電話をかけたときに用いるあいさつの基本的な表現
This is Kevin. (こちらはケビンです。)	電話で話しているときに自分の名まえを伝える表現
Is this Mrs. Jones? (ジョーンズさんですか。)	電話で話している相手の名まえを確かめるときに用いる表現
May I speak to Becky, please? (ベッキーをお願いできますか。)	電話で話したい相手の名まえを告げるときに用いる表現
Sorry, but he's[she's] out right now. (すみません、ただいま外出しています。)	電話の相手に不在だと伝えるときに用いる表現
What's up? (どうしたのですか。)	電話の用件についてたずねるときに用いる基本的な表現
Can you come (with me)? ((私といっしょに)あなたも来ませんか。)	相手を誘うときに用いる表現

◎ 次のような場面ではどのようにいいますか。表現を完成させましょう。

(1) 電話で自分の名まえがマイク(Mike)であると告げるとき。

　　This is Mike.

(2) 電話でボブ(Bob)をよび出すとき。

　　May I speak to Bob, please?

(3) [(2)に答えて]電話の相手に不在だと伝えるとき。

　　I'm sorry, but he's[she's] out right now.

(4) 電話の用件をたずねるとき。

　　What's up?

(5) 相手に来るように誘うとき。

　　Can you come (with me)?

答え合わせが終わったら、音声を聞きましょう。

---

3 買い物

大切な表現

May I help you? (いらっしゃいませ。)	店員が声をかけるときに用いる基本的なあいさつの表現
I'm looking for a jacket. (上着をさがしているのですが。)	自分がさがしているものを店員に伝えるときに用いる表現
I'm just looking. (見ているだけです。)	いろいろな商品を見ているだけであることを店員に伝えるときに用いる表現
How about this one? (これはいかがですか。)	店員が客に商品をすすめるときに用いる表現
May I try this on? (これを着てみてもいいですか。)	商品を試着していいかどうかをたずねるときに用いる表現
Do you have a bigger one? (もっと大きいのはありますか。)	大きいサイズの商品があるかどうかを店員にたずねるときに用いる表現
I'll take it. (これをもらいます。)	商品を買うことを店員に伝えるときに用いる表現

◎ 次のような場面ではどのようにいいますか。表現を完成させましょう。

(1) 店員が客に声をかけるとき。

　　May I help you?

(2) 見ているだけであることを店員に伝えるとき。

　　I'm just looking.

(3) 店員が客に品物をすすめるとき。

　　How about this one?

(4) 試着してもいいかどうかを店員にたずねるとき。

　　May I try this on?

(5) 商品を買うことを店員に告げるとき。

　　I'll take it.

答え合わせが終わったら、音声を聞きましょう。

---

4 依頼・勧誘・申し出

大切な表現

May I ask you a favor? (ひとつお願いしてもよろしいですか。)	相手に頼みごとがあることをいうときに用いる基本的な表現
Sure. [No problem.] (もちろんいいですよ。)	頼みごとをされて、それを受け入れるときに用いる表現
Would[Could] you read it to me? (私にそれを読んでもらえませんか。)	相手にていねいに頼みごとをするときに用いる表現
Shall I show you this? (これをあなたに見せましょうか。)	何かしようかと相手に申し出るときに用いる表現
Yes, please. (はい、お願いします。)	申し出を受け入れるときに用いる表現
No, thank you. (いいえ、けっこうです。)	申し出を断るときに用いる表現

◎ 次のような場面ではどのようにいいますか。表現を完成させましょう。

(1) 頼みごとがあることを相手に伝えるとき。

　　May I ask you a favor?

(2) 頼みごとを引き受けることを伝えるとき。

　　Sure.[No problem.]

(3) 「それ」を見せてほしいと頼むとき。

　　Would[Could] you show it to me?

(4) 「あれ」を相手に見せようかと申し出るとき。

　　Shall I show you that?

(5) 「いいえ、けっこうです。」と伝えるとき。

　　No, thank you.

答え合わせが終わったら、音声を聞きましょう。

解答●15

実力テスト ①

目標得点：70点

解答→別冊p.16

/ 100

1 次の日本文に合うように，（　）内から正しいものを選びましょう。（7点×4＝28点）

(1) 私は一度もケビンに会ったことがありません。
I have never (see / saw / **seen**) Kevin.

(2) 私は昨日テレビを見て楽しみました。
I enjoyed (watch / **watching** / to watch) TV yesterday.

(3) 私はそこで彼女に会って驚きました。
I was surprised (that / **to** / because) see her there.

(4) この窓は彼によって開けられました。
This window was (**opened** / open / opening) by him.

2 次の英文を日本語にしましょう。（7点×4＝28点）

(1) I am going to see Tom next week.
（　　私は来週トムに会うつもりです。　　）

(2) To speak English is not easy for me.
（　　英語を話すことは私には簡単ではありません。　　）

(3) My father bought me a watch for my birthday.
（　　私の父は誕生日に私に腕時計を買ってくれました。　　）

(4) She goes to bed early when she doesn't watch TV.
（　　彼女はテレビを見ないときは早く寝ます。　　）

3 次の疑問文に合う答えの文をあとから選び，記号で答えましょう。（5点×4＝20点）

(1) Could you read this?
(2) Shall I go with you?
(3) May I eat this apple?
(4) Must I sing this song?

| (1) | エ | (2) | ア | (3) | イ | (4) | ウ |

ア Yes, please come.　　　　イ No, it's not yours.

ウ No, you don't have to.　　エ No problem. I like it.

4 次の日本文に合うように，[　]内の単語を並べかえましょう。（8点×2＝16点）

(1) これはすべての中でいちばん美しい絵です。
[the / all / beautiful / of / is / picture / this / most / .]
This is the most beautiful picture of all.

(2) 英語は多くの国々で話されていますか。
[countries / English / in / is / many / spoken / ?]
Is English spoken in many countries?

5 次の日本文を英語にしましょう。（8点）
少年たちはみなサッカーをするために公園へ行きました。
All the boys went to the park to play soccer.

答え合わせが終わったら，音声を聞きましょう。

実力テスト ②

目標得点：70点

解答→別冊p.16

/ 100

1 次の日本文に合うように，（　）内から正しいものを選びましょう。（7点×4＝28点）

(1) 彼らは 2020 年からずっとニュージーランドに滞在しています。
They have stayed in New Zealand (**since** / over / for) 2020.

(2) この箱はむこうにあるあの箱より重いです。
This box is (**heavier** / more heavy / as heavy) than that box over there.

(3) あなたはまず宿題をすべきです。
You (must / **should** / shall) do your homework first.

(4) ピアノをひくことは私にとって簡単ではありません。
(**Playing** / To playing / Plays) the piano is not easy for me.

2 次の英文を日本語にしましょう。（7点×4＝28点）

(1) I was happy to hear the news.
（　　私はそのニュースを聞いてうれしかったです。　　）

(2) My bike is not as new as yours.
（　　私の自転車はあなたのほど新しくありません。　　）

(3) She didn't get up early today because she was very sleepy.
（　　彼女はとても眠かったので今日は早く起きませんでした。　　）

(4) He has already read these books.
（　　彼はすでにこれらの本を読みました。　　）

3 次の疑問文に合う答えの文をあとから選び，記号で答えましょう。（5点×4＝20点）

(1) How long have you studied?
(2) Will you go shopping tomorrow?
(3) Are there many trees in the park?
(4) How many times have you been there?

| (1) | エ | (2) | ウ | (3) | イ | (4) | ア |

ア Only once.　　　　　　　イ No, not many.

ウ No, I won't.　　　　　　エ For only an hour.

4 次の日本文に合うように，[　]内の単語を並べかえましょう。（8点×2＝16点）

(1) これはこの店でいちばんよいイスですか。
[the best / is / in / this / this store / chair / ?]
Is this the best chair in this store?

(2) 彼はまだここに来ていません。
[come / here / yet / he / hasn't / .]
He hasn't come here yet.

5 次の日本文を英語にしましょう。（8点）
この本は私の父によって書かれました。
This book was written by my father.
write の過去分詞：written

答え合わせが終わったら，音声を聞きましょう。